cuisine gourmande de nos terroirs

alsace

Les recettes ont été rédigées par Annie HUBER.
Les photographies sont de SAEP/Jean-Luc SYREN et Valérie WALTER.
La coordination a été assurée par SAEP/Éric ZIPPER.
Composition et photogravure : SAEP Arts Graphiques.
Impression : Union Européenne.

Conception : SAEP CRÉATION
68040 INGERSHEIM - COLMAR

cuisine gourmande de nos terroirs

alsace

ÉDITIONS S.A.E.P. 68040 INGERSHEIM - COLMAR

Signification des symboles accompagnant les recettes

Préparation très simple
Préparation facile
Préparation élaborée

Peu coûteuse
Raisonnable
Coûteuse

Comment définir ou redéfinir la CUISINE ALSACIENNE en ce début de 3e millénaire.

Il y a 20 ou 30 ans, quelques chefs éminents - dont Pierre Gaertner - l'avaient codifiée.

Les livres étaient des répertoires, les techniques étaient classiques et les ingrédients connus.

Les volailles provenaient de nos basses-cours, les poissons de nos étangs, les légumes de nos jardins et les « schnaps » de nos alambics.

Seules les épices : noix de muscade, clous de girofle ou cannelle - ou bien l'inévitable citron historié qui décorait la carpe farcie - dérogeaient à cette règle.

Dans l'intervalle, les « stars » de la gastronomie lui empruntent volontiers quelques ingrédients et donnent à leurs plats la petite touche qui rappelle l'appartenance du chef à cette province si particulière.

Sur les immenses cartes des restaurants « macaronés » vous lisez par exemple :

- *« aux épices à pain d'épice »*
- *« au berawaecka »*
- *« cuit comme un baeckeoffe ».*

Des produits nobles tels que le homard ou le bar seront flanqués d'une crépinette de pieds de porc ou d'une crème de raifort.

La CUISINE ALSACIENNE d'aujourd'hui est plus fine, plus légère, meilleure. Elle n'est pas infidèle aux ressources du terroir, mais elle a su voler aux « super techniciens » de l'art culinaire leurs méthodes pour se parfaire.

Rajeunie et renouvelée, elle vous séduira.

Soupe à la farine rousse

6 pers.
Préparation : 15 min
Cuisson : 20 min

250 g de farine
2 l de bouillon de bœuf dégraissé
20 cl de crème fraîche
150 g de mie de pain
25 g de beurre
Sel, poivre.

Faire roussir la farine dans une cocotte en fonte en remuant sans arrêt avec une cuillère en bois. Mouiller avec le bouillon, assaisonner et laisser mijoter pendant 15 minutes.

Avant de servir, ajouter la crème, redonner un bouillon et rectifier l'assaisonnement.

Tailler la mie de pain en petits cubes et les faire blondir dans le beurre.

Verser la soupe en soupière et ajouter les croûtons.

Soupe aux « rewala »

6 pers.
Préparation : 15 min
Cuisson : 15 min

125 g de farine
2 œufs + 1 jaune
2 l de bouillon de bœuf ou de volaille dégraissé
20 cl de crème fraîche
Noix de muscade
Cerfeuil
Persil
Ciboulette
Sel, poivre.

Mélanger la farine, les œufs entiers et l'assaisonnement. Travailler cette pâte avec la paume des mains bien farinées pour obtenir de toutes petites quenelles. Enlever l'excédent de farine.

Les mouiller avec le bouillon et les faire cuire pendant 10 minutes environ.

Au dernier moment, lier cette soupe avec le mélange jaune d'œuf et crème. Rectifier l'assaisonnement.

Saupoudrer de fines herbes.

SOUPES

Soupe à l'oignon au fromage râpé et petits croûtons

6 pers.
Préparation : 20 min
Cuisson : 1 h

400 g d'oignons
100 g de beurre
50 g de farine
2,5 l de bouillon (ou d'eau de cuisson des viandes fumées)
300 g de pain (baguette)
150 g de gruyère râpé
Sel, poivre.

Émincer les oignons en fines rondelles. Les faire suer tout doucement sans coloration dans le beurre en remuant souvent. Saupoudrer avec la farine et faire cuire encore quelques minutes en mélangeant.

Mouiller avec le bouillon, saler, poivrer et laisser bouillir à petit feu pendant 45 minutes.

Couper la baguette en fines tranches et les faire colorer à sec au four.

Servir la soupe bouillante et présenter à part les croûtons et le gruyère râpé.

Consommé de queues de bœuf aux quenelles de moelle

6 pers.
Préparation : 30 min
Cuisson : 3 h

6 carottes
1/2 céleri boule
2 navets
3 blancs de poireaux
1 chou-rave
800 g de queue de bœuf
800 g de paleron de bœuf
1 oignon piqué de 3 clous de girofle
2 baies de genièvre
1 feuille de laurier
Ciboulette émincée
Gros sel.

Quenelles :
150 g de moelle
2 œufs
90 g de chapelure fine
30 g de farine
20 g de semoule
1 échalote ciselée
1 gousse d'ail
1 cuil. à soupe de cerfeuil et de persil
Muscade râpée
Sel, poivre.

Éplucher et laver les légumes. Ficeler les poireaux, les mettre dans une grande casserole avec la viande et la garniture aromatique puis couvrir d'eau froide à hauteur. Porter à ébullition et écumer, puis faire mijoter doucement jusqu'à ce que la viande des queues de bœuf se détache de l'os (si vous voulez servir les légumes, les retirer dès qu'ils sont cuits).

Pendant ce temps, mixer tous les ingrédients des quenelles puis former des petites boules en roulant la masse avec les mains bien farinées. Les pocher 8 à 10 minutes dans de l'eau frémissante.

Décanter le consommé, puis le filtrer à la passoire à travers un linge très fin. Le servir en soupière avec les quenelles et le saupoudrer de ciboulette.

La viande et les légumes peuvent être servis tièdes, accompagnés de raifort.

SOUPES

Soupe de lentilles et saucisses au cumin

6 pers.
Préparation : 20 min
Trempage : 1 h
Cuisson : 1 h 40 min

300 g de lentilles blondes
1 blanc de poireau
2 carottes
1 grosse pomme de terre farineuse
1/4 de céleri-rave
1 oignon piqué de 2 clous de girofle
1 feuille de laurier
150 g de lard fumé
20 cl de crème fraîche
6 saucisses au cumin
Sel, poivre.

Laver et faire tremper pendant 1 heure les lentilles dans l'eau froide. Les mouiller avec 2 l d'eau, ajouter le poireau ciselé, les carottes, la pomme de terre et le céleri coupés en petits cubes, l'oignon et le laurier.

Tailler le lard en tout petits dés, les faire rissoler à la poêle, les dégraisser et les ajouter dans la soupe. Saler légèrement, poivrer et laisser mijoter durant 1 heure 30 minutes.

À la fin de la cuisson, retirer le laurier et l'oignon, puis ajouter la crème et les saucisses coupées en rondelles. Rectifier l'assaisonnement.

6 pers.
Préparation : 30 min

5 cervelas
Vinaigrette à l'alsacienne n° 2
400 g de gruyère
Salades mélangées
1 oignon rouge
Persil frisé
Ciboulette.

Facultatif :
3 tomates bien mûres
6 œufs durs.

Salade mixte cervelas-gruyère

Couper le cervelas épluché en deux dans le sens de la longueur, puis en lanières. L'assaisonner avec de la vinaigrette.

Râper le gruyère avec la râpe à gros trous ou le tailler en petits bâtonnets. L'assaisonner à l'identique.

Au dernier moment, disposer la salade nettoyée et assaisonnée au fond des assiettes. Dresser au centre un dôme de gruyère et l'entourer de cervelas. Décorer avec des quartiers de tomates, des quartiers d'œufs et des rondelles d'oignon rouge. Saupoudrer de persil haché et de ciboulette ciselée.

ENTRÉES FROIDES

Vinaigrette à l'alsacienne n° 1

Mélanger au fouet 1 jaune d'œuf avec 30 g de moutarde forte, 10 g de sel et 3 g de poivre blanc moulu. Incorporer peu à peu 5 dl d'huile d'arachide sans cesser de remuer. Détendre avec 5 dl de vinaigre.

Vinaigrette à l'alsacienne n° 2

Réunir dans une casserole 25 cl d'huile d'arachide, 10 cl d'huile de noix, 5 cl de pinot blanc, 7 g de sel, 3 g de poivre moulu, 10 cl de vinaigre de miel, 10 cl de vinaigre de vin, 20 g de moutarde forte et 10 cl de crème fraîche. Remuer. Porter le tout à ébullition. Mixer et refroidir immédiatement.

ENTRÉES FROIDES

Salade de choucroute croquante au kassler fumé

6 pers.
Préparation : 20 min
Cuisson : 5 min

900 g de choucroute crue
Vinaigrette à l'alsacienne n° 1 (p. 10)
48 tranches fines de kassler fumé
15 grosses tomates cerise
1 botte de persil plat
Sel, poivre.

Blanchir la choucroute pendant 5 minutes à l'eau bouillante, la refroidir à l'eau glacée, l'égoutter puis la presser fortement pour extraire toute l'eau. L'assaisonner de sel, de poivre et de vinaigrette.

Disposer la choucroute dans un cercle, au centre des assiettes, et la recouvrir avec 3 tranches de kassler.

Ajouter autour 5 tranches de kassler enroulées sur elles-mêmes en forme de rose.

Compléter les assiettes avec des tomates cerise coupées en deux, des feuilles de persil plat et quelques gouttes de vinaigrette.

Salade de pissenlit aux joues de porc confites

6 pers.
Préparation : 20 min

Pissenlit
2 échalotes
600 g de joues de porc confites
1 magret d'oie fumé
9 tomates cerise
Vinaigrette à l'alsacienne n° 2 (p. 10)
Persil plat

Nettoyer et laver le pissenlit, ciseler les échalotes, tiédir les joues de porc au four ou à la poêle.

Couper le magret en fines tranches et les tomates cerise en deux.

Dresser la salade assaisonnée avec la vinaigrette et additionnées des échalotes au centre des assiettes. Intercaler les joues de porc taillées en grosses tranches et le magret.

Décorer avec les tomates cerise et le persil plat.

Tête de veau poêlée, salade frisée, sauce ravigote

8 à 10 pers.
Préparation : 30 min
Cuisson : 3 h 30 min
Repos : 48 h

1 tête de veau roulée de 2 kg
2 carottes
2 oignons
Vert de poireau
Thym, laurier
4 clous de girofle
1/2 bouteille de sylvaner
Moutarde forte
Ciboulette
Persil frisé
2 jaunes d'œufs
50 cl d'huile
1 œuf dur
1 échalote
30 g de câpres capucine
3 cornichons aigre-doux
1 tête de salade frisée fine
Vinaigrette à l'alsacienne n° 2 (p. 10)
1 botte de radis rose
Sel, poivre.

Cuire la tête de veau pendant environ 3 heures dans un court-bouillon avec la garniture aromatique et le vin. L'égoutter et la couper en gros cubes.

Mélanger les morceaux avec de la moutarde forte, de la ciboulette et du persil ciselés.

Remplir une terrine filmée de 1,5 litre avec les morceaux de viande et la cuisson. Mettre sous presse, au réfrigérateur, pendant 48 heures.

Émulsionner 2 jaunes d'œufs et 35 g de moutarde avec 50 cl d'huile, comme pour une mayonnaise. Rajouter sel, poivre, l'œuf dur coupé en petits morceaux, l'échalote ciselée, les câpres et les cornichons en petite brunoise.

Couper de belles tranches de tête de veau et les saisir rapidement de chaque côté dans une poêle antiadhésive bien chaude.

Dresser sur assiette avec 2 cuillerées de sauce ravigote et la salade frisée assaisonnée de vinaigrette. Décorer avec les radis roses en fleurs (préalablement taillés et trempés dans l'eau froide).

ENTRÉES FROIDES

ENTRÉES FROIDES

12 pers.
Préparation : 30 min
Cuisson : 3 h
Repos : 12 h

3 jarrets salés de 500 g
25 cl de riesling
2 carottes
2 oignons
1 poireau
1 branche de thym
1 feuille de laurier
5 grains de coriandre
3 baies de genièvre
2 clous de girofle
6 feuilles de gélatine
Persil plat
30 cl de crème fluide
5 cl de jus de citron
75 g de raifort râpé
Sel, poivre.

Pressé de jambonneau à la crème de raifort

Cuire les jarrets couverts d'eau avec le vin, les légumes et la garniture aromatique jusqu'à ce que la chair se détache facilement de l'os. Désosser les jarrets et les couper en gros cubes.

Filtrer le jus de cuisson et le réduire à 60 cl. Y ajouter la gélatine ramollie à l'eau froide et égouttée. Vérifier l'assaisonnement du bouillon, qui doit être bien corsé.

Verser le tout dans une terrine filmée en saupoudrant au fur et à mesure de persil plat ciselé. Réserver une nuit au frais.

Servir en tranches avec la crème de raifort obtenue en montant légèrement la crème citronnée au fouet, puis en ajoutant le raifort et l'assaisonnement.

Pot-au-feu froid de queues de bœuf en gelée

8 à 10 pers.
Marinade : 24 h
Préparation : 30 min
Cuisson : 3 h

2 queues de bœuf
4 carottes
2 oignons
1 branche de thym
1 feuille de laurier
1,5 l de pinot noir corsé
400 g de lentilles vertes
150 g d'oignons grelots au naturel
50 g de gelée aromatisée
Sel, poivre.

Tailler les queues de bœuf en trois et les faire mariner 24 heures avec la garniture aromatique (réserver 2 carottes) et le pinot noir.

Égoutter et rôtir la viande avec les légumes. Faire bouillir la marinade. Rassembler le tout et faire cuire sur feu moyen pendant 2 heures 30 minutes à 3 heures.

Pendant ce temps, cuire séparément à l'eau bouillante salée : 2 carottes, les lentilles vertes et les oignons grelots.

Séparer la viande des os (en enlevant le gras).

Filtrer la marinade, la réduire à 60 cl puis ajouter la gelée et faire bouillir encore quelques minutes.

Procéder au montage dans une terrine filmée en alternant la viande et les légumes.

Au milieu de la terrine, disposer une rangée d'oignons grelots.

Ajouter la marinade au fur et à mesure puis réserver au froid.

Découper de belles tranches. Les servir accompagnées d'une salade bien relevée.

6 pers.
Préparation : 40 min
Cuisson : 30 min

2 kg d'asperges blanches
30 g de beurre
1 l de fond blanc de volaille
50 cl de crème fluide
200 g de truites fumées
Cerfeuil
Gros sel
Sel fin, poivre blanc du moulin.

ENTRÉES FROIDES

Gaspacho d'asperges aux quenelles de truite fumée

Éplucher les asperges. Les cuire à l'eau bouillante salée environ 10 minutes. Les refroidir et les couper en tronçons de 3 cm en réservant les pointes. Les faire sauter au beurre.

Mouiller les asperges avec le fond de volaille, réduire de moitié et passer au moulin à légumes.

Ajouter 25 cl de crème, assaisonner et refroidir.

Monter les 25 cl de crème restants et ajouter dans le mélange froid puis rectifier l'assaisonnement.

Couper les truites fumées en toute petite julienne, ajouter le cerfeuil ciselé et former de petites quenelles.

Verser le gaspacho bien froid dans des assiettes creuses avec les pointes d'asperges. Assaisonner de poivre du moulin.

Disposer au centre de chaque assiette 3 petites quenelles de truite et des pluches de cerfeuil.

Terrine de foie gras de canard, compotée de coing aux épices

15 pers.
Préparation : 1 h 30 min
Cuisson : 45 min
Repos : 24 h

1,500 kg de foie gras cru de canard
12 g de sel fin
3 pincées de poivre blanc moulu
30 cl de gewurztraminer Vendanges Tardives
2 kg de coings
600 g de sucre en poudre
6 bâtons de cannelle
4 clous de girofle
2 gousses de vanille coupées en deux.

Dénerver très proprement le foie gras sur une feuille de papier sulfurisé en essayant de laisser les morceaux entiers. L'assaisonner et le mariner au gewurztraminer.

Tasser le foie dans une terrine de 1,5 l. La couvrir et la cuire au bain-marie, à 100 °C (th. 3-4), pendant 45 minutes.

Presser légèrement, laisser refroidir et prendre au réfrigérateur au moins 24 heures.

Éplucher les coings et les détailler en cubes. Les pocher dans un sirop léger réalisé avec le sucre et 1 l d'eau additionné des épices et de la vanille. Les conserver dans ce sirop.

Au moment de servir, démouler la terrine à l'aide d'un couteau trempé dans l'eau chaude. Couper une belle tranche par personne. Garnir chaque assiette avec deux cuillerées de coings bien égouttés.

6 pers.
Préparation : 45 min
Repos : 1 h
Cuisson : 40 min

500 g de farine
4 œufs
1 filet d'huile
1 l de fond de volaille
500 g de mélange de champignons : chanterelles, pieds-de-mouton, girolles...
Beurre
300 g d'échalotes
36 escargots au naturel
2 gousses d'ail
30 cl de crème fraîche
Cerfeuil
Ciboulette
Sel, poivre.

Ravioles d'escargots aux champignons des bois et crème d'échalotes

Mélanger la farine, les œufs entiers, un filet d'huile et une pincée de sel. Laisser reposer cette pâte 1 heure au frais. L'abaisser et découper 6 grands disques. Pocher ces ravioles dans le fond de volaille.

Nettoyer les champignons, les faire sauter à la poêle avec du beurre et 2 échalotes ciselées, les assaisonner.

Nettoyer et rincer les escargots, les poêler au beurre avec l'ail coupé très finement.

Réduire à 25 cl le fond de volaille avec le reste des échalotes ciselées, ajouter la crème et réduire jusqu'à obtenir la bonne consistance. Rectifier l'assaisonnement.

Dresser les escargots et les champignons sur la moitié des ravioles et rabattre l'autre moitié. Entourer d'un cordon de sauce. Saupoudrer d'herbes hachées.

6 pers.
Préparation : 15 min
Cuisson : 15 min

36 escargots au naturel
500 g de beurre ramolli
15 g de sel
50 g de persil haché
30 g d'ail en purée
10 cl de fond de volaille corsé.

Facultatif :
1 cuil. à café d'alcool anisé.

Escargots à l'alsacienne au beurre d'ail et persil

Rincer les escargots, les nettoyer, les répartir dans des caquelons.

Émulsionner le beurre au batteur avec un fouet pendant environ 5 minutes. Ajouter le reste des ingrédients. Bien mélanger.

Dresser à la poche la masse obtenue sur les escargots. Mettre au four à 180 °C (th. 6) 10 à 15 minutes.

Servir aussitôt.

6 pers.
Préparation : 45 min
Cuisson : 20 min

3 kg d'asperges de Hoerdt
Gros sel
Feuilles de poireau
4 jaunes d'œufs
250 g de beurre
1 citron jaune
20 cl de crème fraîche
Sel fin, poivre mignonnette.

Asperges blanches de Hoerdt, sauce mousseline

Laver les asperges, les peler à plat avec un économe, de la pointe vers le pied. Les ficeler en bottes et les cuire à l'eau bouillante avec du gros sel pendant 10 à 15 minutes. Les égoutter.

Présenter chaque portion en botte en alignant les pointes et en recoupant la base. Les chutes pourront servir à confectionner un potage ou un légume. Entourer chaque botte d'un morceau de poireau blanchi.

ENTRÉES CHAUDES

Dans une casserole en cuivre (ou dans un cul-de-poule au bain-marie), mettre une pincée de sel, une pincée de poivre mignonnette et 5 cl d'eau. Faire tiédir puis ajouter les jaunes et émulsionner énergiquement jusqu'à ce que le fond de la casserole soit visible au passage du fouet. Incorporer ensuite le beurre fondu clarifié en filet sans cesser de fouetter. Hors du feu, ajouter le jus de citron et la crème montée, puis rectifier l'assaisonnement.

Cette sauce ne doit pas attendre.

Quiches au munster, salade de saison

Étaler 6 abaisses de pâte brisée dans des cercles de 10 cm de diamètre et les cuire à blanc (voir tarte à l'oignon, p. 23).

Bien battre ensemble les œufs, la crème, le lait, le sel, un peu de poivre et de muscade râpée, le gruyère et le munster écrasé. Verser dans les abaisses. Cuire au four à 175 °C (th. 5-6) 35 minutes.

Servir avec un mélange de salades bien assaisonnées.

6 pers.
Préparation : 40 min
Cuisson : 35 min

800 g de pâte brisée
8 œufs
50 cl de crème fraîche
15 cl de lait
Muscade
200 g de gruyère râpé
600 g de munster bien fait
Mélange de salades
Vinaigrette
15 g de sel
Poivre blanc.

ENTRÉES CHAUDES

6 pers.
Préparation : 30 min
Cuisson : 4 à 5 min par tarte

800 g d'oignons
650 g de farine
400 g de crème épaisse
400 g de fromage blanc
1 œuf + 1 jaune
10 cl d'huile de colza
400 g de lardons
Gruyère râpé (pour les gratinées)
Muscade râpée
Sel, poivre.

Tarte flambée (normale – gratinée)

Émincer très finement les oignons. Si possible, faire une précuisson à la vapeur pour qu'ils soient plus digestes.

Confectionner une pâte à pain avec 600 g de farine, un peu de sel et très peu d'eau. Étaler cette pâte le plus finement possible sur une table bien farinée en grandes abaisses ovales.

Mélanger au fouet la crème, le fromage blanc, les œufs, l'huile et l'assaisonnement. Badigeonner les abaisses avec ce mélange, répartir dessus les oignons et les lardons et enfourner pendant quelques minutes, thermostat au maximum.

Pour les tartes flambées gratinées, ajouter du gruyère râpé.

Tarte à l'oignon

8 pers.
Préparation : 40 min
Cuisson : 1 h 15 min

900 g d'oignons
Beurre
Huile
550 g de pâte brisée
8 œufs
50 cl de crème fraîche
12 cl de lait
20 g de sel
Poivre blanc.

Éplucher et émincer très finement les oignons, puis les étuver longuement avec beurre et huile sans coloration (ils doivent être entièrement cuits) en remuant souvent.

Les égoutter et, quand ils sont froids, bien les presser pour en extraire l'eau.

Foncer un moule à tarte de 30 cm de diamètre avec la pâte brisée. Faire remonter la pâte de 1 cm au-dessus du bord du moule en la pinçant avec les doigts. La piquer et la cuire à blanc : le recouvrir de papier aluminium, remplir de légumes secs et cuire au four pendant 15 minutes à 180 °C (th. 6).

Bien battre au fouet tous les ingrédients restants, les verser dans le fond de pâte débarrassé du papier et des légumes secs. Poursuivre la cuisson à 175 °C (th. 5-6) pendant 35 minutes.

Matelote des bords du Rhin

6 pers.
Préparation : 45 min
Cuisson : 1 h

2,500 kg de poissons : anguille, brochet, perche, truite et sandre
Beurre
3 échalotes
50 cl de riesling
2 l de fumet de poisson
1 bouquet garni
30 cl de crème fraîche
Noix de muscade
1 citron
250 g de champignons de Paris
Persil, cerfeuil
200 g de pâte feuilletée
1 jaune d'œuf
Sel, poivre.

Dépouiller et vider l'anguille. Écailler et vider les autres poissons. Couper des tronçons de 60 à 80 g.

Faire suer au beurre les échalotes ciselées dans une grande casserole à fond épais. Déglacer au riesling et réduire de moitié. Ajouter le fumet de poisson et le bouquet garni. Redonner un bouillon.

Assaisonner les morceaux de poisson puis les pocher dans ce liquide à peine frémissant en mettant d'abord l'anguille pendant 5 minutes, puis le brochet pendant 3 minutes, enfin les autres poissons encore 5 minutes.

Prélever délicatement les poissons et les garder au chaud avec un peu de liquide dans un plat couvert de papier d'aluminium.

Réduire le fumet à 30 cl, ajouter la crème, réduire encore un peu. Rectifier l'assaisonnement avec sel, poivre, muscade râpée et un filet de jus de citron. Ajouter les champignons de Paris émincés, citronnés et sautés au beurre.

Disposer les morceaux de poisson sur un grand plat métallique bien chaud. Napper de sauce et saupoudrer avec les fines herbes ciselées. Décorer le tour du plat avec des fleurons en forme de lune ou de poisson que vous aurez taillés dans le feuilletage, dorés et cuits au four 10 minutes à 180 °C (th. 6).

Servir avec des nouilles fraîches (p. 60).

POISSONS

6 pers.
Préparation : 1 h 15 min
Cuisson : 1 h

3 douzaines d'écrevisses vivantes
Huile
5 cl de cognac
1 cuil. à café de concentré de tomates
2 carottes
2 oignons
Thym, laurier
Queues de persil
Coriandre en grains
30 cl de riesling
50 cl de crème fraîche
1 kg de chair de brochet
5 blancs d'œufs
800 g de crème fraîche épaisse
4 jaunes d'œufs
20 cl de crème montée
Muscade râpée
Sel, poivre.

Gratin de quenelles de brochet aux écrevisses

Réserver et cuire séparément (les pinces étant piquées à la base de l'abdomen) 6 écrevisses entières pour la décoration. Châtrer les écrevisses restantes, les jeter par petites quantités dans de l'eau bouillante. Les retirer après 2 minutes, puis les décortiquer.

Faire revenir les carapaces à l'huile. Les flamber au cognac, ajouter le concentré de tomates puis la garniture aromatique et 25 cl de vin. Mouiller à hauteur et laisser mijoter 20 minutes.

Ajouter la crème et réduire encore de moitié. Passer au chinois puis au chinois étamine.

Mixer la chair de brochet désarêtée avec les blancs d'œufs puis passer cette masse au tamis. Ajouter petit à petit la crème épaisse bien froide. Assaisonner à la fin. Mouler en quenelles à l'aide de 2 cuillères et les pocher dans l'eau frémissante salée 5 minutes de chaque côté.

Monter le sabayon en fouettant énergiquement les jaunes d'œufs et 5 cl de riesling. Ajouter 200 g de coulis d'écrevisses tout en fouettant, puis la crème montée et assaisonnée.

Disposer 3 quenelles de brochet par personne au fond d'une assiette creuse bien chaude. Répartir les écrevisses puis napper de sabayon. Gratiner sous le gril et décorer avec les écrevisses entières.

POISSONS

Carpe frite du Sundgau

Ébarber, écailler et vider la carpe, puis la couper en darnes de 2 cm d'épaisseur.

Bien sécher ces tranches, les assaisonner puis les tremper successivement dans la farine, dans l'œuf battu et dans la semoule. Les faire frire 5 à 6 minutes dans un bain d'huile à 170 °C puis les égoutter sur du papier absorbant.

Les disposer sur un plat couvert d'une serviette blanche. Décorer avec des quartiers de citron.

Ce plat est servi traditionnellement accompagné de mayonnaise, de pommes vapeur et d'une salade verte.

6 pers.
Préparation : 30 min
Cuisson : 20 min

1 carpe de 2 kg ou
2 carpes de 1 kg
200 g de farine
4 œufs
200 g de semoule
3 citrons
Sel, poivre.

Filet de perche aux lentilles vertes et pois cassés, jus de volaille infusé au céleri branche

6 pers.
Préparation : 30 min
Trempage : 1 h 30 min
Cuisson : 2 h

300 g de pois cassés
2 oignons piqués de
2 clous de girofle
2 carottes
1 blanc de poireau
300 g de lentilles vertes
1 bouquet garni
1 branche de céleri
1 l de fond de volaille
1 kg de filets de perche
Beurre
Persil plat
Sel, poivre.

POISSONS

Faire tremper les pois cassés 1 heure 30 minutes dans l'eau froide. Les égoutter, puis les cuire doucement à couvert pendant 2 heures avec un oignon, une carotte et le poireau ciselé, sel, poivre et un peu d'eau.

Cuire les lentilles lavées et égouttées 15 minutes à l'eau salée. Les égoutter et les recuire à couvert environ 30 minutes avec le bouquet garni, 1 oignon et 1 carotte, du sel et du poivre et un peu d'eau.

Éplucher et tailler le céleri en petits dés et le blanchir quelques minutes.

Réduire le fond de volaille à 30 cl. Ajouter le céleri.

Tailler les filets en 6. Les assaisonner et les cuire à la vapeur.

Poser les filets de perche sur le mélange de légumes secs et les napper de jus de volaille légèrement monté au beurre. Décorer avec une pluche de persil plat.

Sandre rôti en peau, sabayon au raifort

Écailler le sandre, lever les filets et les désarêter. Portionner en 6 beaux tronçons, les assaisonner côté chair puis les rôtir fortement à la poêle, côté peau. Les retourner sur un plat et terminer la cuisson quelques minutes au four.

Dans une casserole en cuivre (ou au bain-marie), mélanger les jaunes et le vin. Fouetter vivement. Le sabayon est cuit quand on aperçoit le fond de la casserole au passage du fouet.

Faire fondre le beurre et l'ajouter peu à peu dans le sabayon en s'arrêtant avant le dépôt blanchâtre au fond de la casserole.

Ajouter le raifort et rectifier l'assaisonnement.

Servir avec des nouilles fraîches (p. 60) ou des légumes de saison.

6 pers.
Préparation : 30 min
Cuisson : 20 min

1 sandre de 1,500 kg à 2 kg
Huile
150 g de beurre
4 jaunes d'œufs
5 cl de riesling
200 g de beurre
1 cuil. à soupe de raifort râpé
Sel, poivre.

6 pers.
Préparation : 1 h
Cuisson : 1 h 30 min

350 g de chair de saumon
2 œufs + 2 blancs
45 cl de crème fraîche
6 truites entières de 250 g
60 g d'oignons
Beurre
Huile
150 g de blancs de poireau
250 g de carottes
1,2 l de crémant d'Alsace
60 cl de fumet de poisson
30 cl de fond de volaille
Sel, poivre.

Truites farcies, étuvée de petits légumes au crémant d'Alsace

Mixer la chair de saumon coupée en cubes, les œufs et les blancs, tous ces ingrédients étant froids. Quand la masse est lisse, ajouter petit à petit 15 cl de crème. Assaisonner à la fin.

Ébarber les truites, couper les ouïes et les désarêter par le dos. Les laver à l'eau froide, les sécher et les poser ouvertes sur la table de travail. Saler et poivrer. Dresser la mousse à l'aide d'une poche munie d'une douille lisse. Refermer les truites avec du papier film et les cuire à la vapeur dans un couscoussier pendant 20 à 30 minutes.

Étuver les oignons hachés sans coloration dans un mélange de beurre et d'huile. Ajouter les poireaux taillés en julienne et étuver. Ajouter les carottes râpées au dernier moment et faire suer le tout quelques minutes. Mouiller avec le crémant et réduire presque à sec. Procéder de la même façon successivement avec le fumet de poisson, le fond de volaille et la crème restante.

Ôter la peau des truites. Napper les poissons de sauce.

Servir avec des spätzles (p. 59).

POISSONS

6 pers.
Préparation : 20 min
Cuisson : 10 min

6 truites de 300 g
2 cuil. de farine
150 g de beurre
200 g d'amandes effilées
Persil
Ciboulette
Huile
Sel, poivre.

Filets de truites poêlés, amandes au beurre mousseux

Lever les filets de truite puis ôter la peau. Les sécher, les assaisonner et les fariner légèrement. Les saisir des deux côtés à la poêle avec très peu de matière grasse. Terminer la cuisson 3 minutes au four à 180 °C (th. 6).

Mettre le beurre dans une poêle et le faire mousser à feu doux. Ajouter les amandes et les faire blondir en remuant.

Au dernier moment, verser le beurre aux amandes sur les filets de truite. Saupoudrer avec les fines herbes.

Truites au bleu

Préparer un court-bouillon avec 3 l d'eau, le vin, le vinaigre, le bouquet garni, les épices et les légumes taillés grossièrement. Le laisser frémir 30 minutes.

Vider et laver les truites puis les plonger dans le liquide frémissant. Ôter la casserole du feu et laisser pocher les poissons environ 7 minutes. Les disposer sur une serviette blanche dans un grand plat.

Décorer avec des demi-citrons cannelés et le persil plat.

Faire fondre le beurre et le servir très chaud, en saucière.

Accompagner les truites de pommes de terre vapeur.

6 pers.
Préparation : 30 min
Cuisson : 40 min

50 cl de pinot blanc
10 cl de vinaigre
1 bouquet garni
1 oignon
2 carottes
1/2 céleri boule
1 branche de céleri
2 blancs de poireau
6 truites de 200 à 250 g (juste tuées)
3 citrons
1 botte de persil plat
250 g de beurre
Pommes de terre
Gros sel, poivre.

Choucroute croquante aux poissons d'eau douce et chips de lard

6 pers.
Préparation : 50 min
Cuisson : 40 min

6 tranches de lard paysan
400 g de chair de brochet
2 blancs d'œufs
60 cl de crème fraîche
600 g de filet de truite à chair rose
600 g de filet d'omble chevalier
1 bouteille de riesling
4 échalotes
6 pommes de terre charlotte
1,200 kg de choucroute *(p. 52)*
Sel, poivre.

Poser les tranches de lard découennées entre deux feuilles de papier sulfurisé et entre deux plaques. Les passer au four 30 minutes à 80 °C (th. 3).

Réaliser une mousse de brochet avec la chair désarêtée passée au mixeur et additionnée de 2 blancs d'œufs. Saler et poivrer. Passer au tamis et ajouter 20 cl de crème. Former des quenelles avec 2 cuillères à soupe. Les pocher 5 minutes dans l'eau frémissante.

Détailler 6 morceaux de truite sans la peau et 6 morceaux d'omble chevalier avec la peau. Les assaisonner, les poser dans une plaque avec 25 cl de riesling et une échalote ciselée. Couvrir d'un papier d'aluminium et mettre au four à 160 °C (th. 5-6) pendant 10 minutes.

Cuire les pommes de terre en robe des champs et les éplucher.

Réduire le reste du vin blanc presque à sec avec 3 échalotes ciselées très finement. Crémer, réduire à nouveau et assaisonner.

Dresser la choucroute encore croquante au centre des assiettes et disposer autour le reste des ingrédients. Poser la tranche de lard en hauteur pour obtenir un bel effet décoratif. Entourer d'un cordon de sauce.

POISSONS

Salmis de faisan au foie gras et gratin de cèpes

8 pers.
Préparation : 45 min
Cuisson : 1 h

2 faisans
5 cl d'huile
5 cl de cognac
1 l de vin rouge corsé
30 cl de fond de gibier (à défaut, fond de veau)
1 branche de thym
1 feuille de laurier
1 carotte
1 oignon
3 queues de persil
60 g de foie gras de canard.

Pour le gratin de cèpes :
1 kg de cèpes
2 cuil. à soupe d'huile
Beurre
2 échalotes
1 oignon
1 gousse d'ail
30 g de chapelure
Sel, poivre.

Couper les faisans en quatre et les rôtir fortement à l'huile dans la poêle. Déglacer au cognac et mouiller avec le vin rouge, qui doit réduire de moitié.

Enlever la peau des morceaux de faisan, les assaisonner et les disposer dans une cocotte. Mouiller avec le vin rouge, le fond de gibier et la garniture aromatique emballée dans une gaze. Laisser mijoter à couvert environ 1 heure.

Quand la viande est cuite, la réserver. Passer la sauce au chinois, la réduire à bonne consistance et, à la fin, l'émulsionner avec le foie gras passé au tamis.

Servir les morceaux de viande nappés de sauce.

Nettoyer les cèpes, colorer vivement les têtes à l'huile. Couper les queues en petite brunoise et les faire fondre doucement au beurre avec les échalotes, l'oignon ciselés et l'ail haché très fin.

Beurrer un grand plat (ou des petits plats individuels), y déposer les têtes de cèpes et la brunoise. Saupoudrer de chapelure. Cuire 10 à 12 minutes au four à 170 °C (th. 5-6).

GIBIERS

Noisettes de chevreuil rôties au miel

6 pers.
Préparation : 30 min
Marinade : 4 h
Cuisson : 1 h 15 min

1 dos de chevreuil de 2,500 kg
12 baies de genièvre
1 cuil. à café de fleur de thym
1 feuille de laurier émiettée
5 cl de cognac
10 cl d'huile
2 carottes
2 oignons
1 bouquet garni
20 cl de pinot noir corsé
30 cl de fond de veau
1 cuil. à soupe de gelée de groseille
50 g de miel de sapin
10 graines de pavot
15 g de grains de coriandre concassés
Poivre noir du moulin.

Lever les filets de chevreuil et les faire mariner pendant 4 heures avec le genièvre, la fleur de thym, le laurier émietté, le cognac, l'huile et du poivre du moulin.

Concasser les os de chevreuil, les rôtir fortement, ajouter la garniture aromatique, mouiller avec le pinot noir, le fond de veau et un peu d'eau. Laisser mijoter 1 heure à découvert, puis passer au chinois étamine.

Réduire jusqu'à épaississement, ajouter la gelée de groseille, rectifier l'assaisonnement.

Sortir la viande de la marinade, la sécher, l'assaisonner et la rôtir sur toutes les faces.

Tiédir le miel, ajouter le pavot et la coriandre. Badigeonner les filets avec ce mélange. Réserver les filets au chaud. Terminer la cuisson quelques minutes à 180 °C (th. 6) pour que la viande soit très peu cuite à cœur.

Escaloper les noisettes, dresser dans les assiettes bien chaudes et les servir entourées d'un cordon de sauce.

Servir avec une poêlée de champignons, une purée de céleri (p. 42) ou des spätzles (p. 59).

6 pers.
Préparation : 40 min
Marinade : 12 h
Cuisson : 1 h 30 min

1 beau lièvre de 2 kg
1 l de vin rouge corsé
2 carottes
1 oignon
2 pincées de sucre
10 cl d'huile
5 cl de vinaigre de vin
6 grains de poivre noir
2 baies de genièvre
1 clou de girofle
1 branche de thym
1 feuille de laurier
3 queues de persil
10 grains de coriandre
5 cl de cognac
20 g de farine
30 cl de fond de veau
1 cuil. à café de concentré de tomates
150 g de petits oignons grelots
100 g de lardons taillés dans la poitrine fumée
Fécule de maïs
Le sang du lièvre (facultatif).

Civet de lièvre aux lardons et petits oignons

Découper le lièvre en morceaux, le couvrir de vin rouge et ajouter les carottes taillées en tout petits cubes, l'oignon émincé, le sucre, l'huile, le vinaigre de vin avec toutes les épices enfermées dans une gaze. Le laisser une nuit dans cette marinade.

Égoutter soigneusement les morceaux de lièvre, les assaisonner, les rissoler à feu vif et déglacer la poêle au cognac. Les mettre dans une cocotte avec la farine torréfiée au four, la marinade, le fond de veau et le concentré de tomates. Mijoter à couvert pendant 1 heure 30 minutes.

Une demi-heure avant la fin de la cuisson, retirer la gaze et ajouter les petits oignons et les lardons, que vous aurez préalablement poêlés et égouttés.

Quand la viande est cuite, passer le tout au chinois. Réserver la viande au chaud, dans le plat de service. Réduire la sauce à bonne consistance. Si nécessaire, la lier avec un peu de fécule. Si vous avez récupéré un peu de sang de lièvre, l'ajouter à la fin puis retirer la sauce du feu au premier bouillon. Verser la sauce sur la viande et servir aussitôt.

Accompagner de nouilles fraîches (p. 60).

GIBIERS

Poussin de la Wantzenau au vinaigre de miel

6 pers.
Préparation : 20 min
Cuisson : 15 min

6 poussins de 350 g
Beurre
Fleur de thym
Huile
150 g de sucre en poudre
1 citron
20 cl de vinaigre de miel
30 cl de fond de volaille
Sel, poivre.

Saler et poivrer l'intérieur des poussins. Les farcir d'une noix de beurre mélangée avec de la fleur de thym. Badigeonner la peau d'un peu d'huile et enfourner pendant 15 minutes à 240 °C (th. 8) pour obtenir une peau très croustillante.

Réaliser un caramel clair avec le sucre, très peu d'eau et un filet de jus de citron. Déglacer avec le vinaigre, laisser bouillir quelques minutes, puis verser le fond de volaille. Réduire pour obtenir une consistance sirupeuse.

Servir sur plat ou sur assiette, accompagné d'une purée de pommes de terre au beurre.

Coq au riesling

Découper le coq en 6 morceaux. Les assaisonner puis les rôtir dans une cocotte avec le beurre et l'huile et les échalotes ciselées. Ajouter 30 cl de riesling, un peu d'eau, du thym, du laurier et laisser mijoter à couvert pendant 45 minutes.

Pour obtenir une sauce plus goûteuse, concasser les os de la carcasse, les colorer au four avec carottes et oignons, mouiller avec le reste du riesling et un peu d'eau, laisser mijoter.

Quand la cuisson de la viande est terminée, disposer les morceaux dans un plat de service allant au four. Récupérer le jus de cuisson et l'ajouter au fond de volaille. Passer le tout au chinois étamine et continuer la réduction. Ajouter la crème et laisser encore mijoter. Rectifier l'assaisonnement.

Nettoyer et couper en quatre les champignons de Paris, les assaisonner et les sauter au beurre. Ajouter les champignons bien égouttés dans la sauce.

Passer le plat de viande quelques minutes dans un four à 200 °C (th. 6-7), napper de sauce, parsemer de persil haché et servir aussitôt.

Accompagner avec des spätzles (p. 59) ou des nouilles (p. 60).

6 pers.
Préparation : 30 min
Cuisson : 1 h 15 min

1 gros coq fermier de 2,500 kg
30 g de beurre
3 cl d'huile
3 échalotes
1 l de riesling
1 branche de thym
1 feuille de laurier
2 carottes
2 oignons
50 cl de crème fraîche
400 g de champignons de Paris
Persil frisé
Sel, poivre.

6 pers.
Préparation : 30 min
Repos : 12 h
Cuisson : 3 h

6 cuisses de canard grasses
Thym, laurier
1 kg de graisse d'oie
1 kg d'os de canard
3 oignons
4 carottes
6 baies de genièvre
1/2 l de pinot noir
1 l de fond de veau
120 g de beurre
100 g d'airelles au naturel
1 céleri-boule
2 pommes de terre farineuses
1 l de lait
20 cl de crème fraîche
Sel, poivre.

VOLAILLES

Cuisse de canard confite aux airelles et purée de céleri

Parer la graisse autour des cuisses de canard, les disposer sur un plat, les saler et les poivrer. Les saupoudrer de fleur de thym et de laurier et les réserver au frais pendant 1 nuit.

Le lendemain, les confire dans la graisse d'oie à petite ébullition pendant environ 3 heures (vous pourrez conserver les cuisses quelques jours dans cette graisse).

Colorer au four les os de canard concassés, les oignons et les carottes grossièrement émincés. Les mettre dans une casserole avec les baies de genièvre, mouiller avec le pinot noir et réduire de moitié. Ajouter le fond de veau. Réduire à nouveau à bonne consistance puis passer au chinois. Rectifier l'assaisonnement.

Avant de servir, incorporer en fouettant le beurre froid coupé en morceaux. Ajouter les airelles.

Éplucher le céleri et le couper en huit. Éplucher les pommes de terre et les couper en deux. Les cuire ensemble dans le lait complété avec de l'eau salée. Égoutter soigneusement. Passer au moulin à légumes grille fine, si nécessaire dessécher en fouettant vivement sur le feu.

Faire bouillir ensemble la crème et 2 cuillerées de beurre, ajouter la purée, mélanger et rectifier l'assaisonnement.

Colorer les cuisses de canard à la poêle, les réchauffer au four et les poser au centre des assiettes. Dresser la purée à la poche munie d'une douille cannelée et entourer d'un cordon de sauce.

L'aventure des vins d'Alsace

La culture de la vigne occupait en Alsace une place très importante dès le haut Moyen Âge. Avec l'essor démographique des XIVe et XVe siècles, les surfaces plantées augmentèrent considérablement. Au début du XVIe siècle, le vignoble alsacien atteint une expansion qu'il ne dépassera jamais plus jusqu'à nos jours.

Dès le XVIe siècle se dessine un mouvement d'assainissement dans le vignoble alsacien. Les cépages médiocres sont arrachés et, avec le retour progressif de la vigne vers sa terre d'élection, le souci de qualité l'emporta sur toute autre considération.

Les vignerons alsaciens connurent des années exceptionnelles pendant lesquelles la récolte fut si abondante que l'on manqua de tonneaux. Désespérant de réussir à écouler une si grande quantité de vin, certains seigneurs allèrent jusqu'à obliger leurs paysans à en consommer chaque jour une quantité donnée. Les mauvaises années furent, elles aussi, nombreuses et mémorables : ravages du gel, invasion de sauterelles, maladie de la vigne, etc.

Au XIXe siècle, la construction des voies ferrées, qui permet aux vins du Midi d'affluer sur le marché et de déprimer les cours, a eu pour effet de faire supprimer les vignes de qualité inférieure. Les bons crus seuls ont résisté et se sont développés d'autant plus que les centres de consommation leur devenaient plus accessibles.

L'annexion au Reich aurait dû, selon toute logique, donner un grand essor à la viticulture alsacienne et à ses produits. Mise en infériorité par les crus prestigieux de France, l'Alsace se trouvait en position de force face à l'Allemagne, produisant à elle seule la moitié du vin. Mais les autorités vont systématiquement promouvoir les vins du Rhin et de la Moselle, seuls considérés comme vins de qualité supérieure.

De plus, de 1875 à 1890, le vignoble alsacien fut littéralement saccagé par les insectes et les maladies : phylloxéra, oïdium, mildiou, ver de la grappe, « Heuwurm », « Sauerwurm ». Devant l'ampleur du désastre, les viticulteurs alsaciens sentent la nécessité de se grouper et de se donner les moyens de lutter contre les ennemis de la vigne. Dès 1893 se crée un organisme spécialisé disposant d'un jardin d'essais à Colmar. De nouveaux cépages, des hybrides américains, furent massivement plantés. Très résistants, ils donnaient un vin abondant de fort médiocre qualité : le vignoble était sauvé, mais à quel prix !

Après plusieurs tentatives malheureuses pour regrouper l'ensemble des vignerons d'Alsace, un groupe d'hommes animé par Gustave Burger réussit à fonder, en 1911, le « Elsässische Weinverband », association à laquelle adhère l'immense majorité des viticulteurs. Le groupement commença alors une campagne active pour la plantation de cépages nobles et la réhabilitation du vignoble alsacien. Il allait être aidé par la généralisation de la mise en bouteilles du vin, qui, jusqu'à présent, était destiné uniquement à la table familiale, car il se formait souvent un dépôt rendant ces bouteilles difficilement commercialisables. Grâce aux essais de la maison Dopf, à Riquewihr, cet inconvénient fut éliminé et la mise en bouteilles prit son essor. La même maison commença à cette époque à produire l'ancêtre du crémant d'Alsace. Malgré la crise, le rituel du vignoble alsacien poursuit sa ronde immuable avec, en point d'orgue, la période des vendanges. En 1918, il restait cependant beaucoup à faire, d'autant plus que le retour à la France posait au vignoble alsacien un véritable dilemme : rechercher la qualité ou se condamner à végéter.

Après la Grande Guerre, revenus dans le contexte de la viticulture française, en perpétuelle surproduction, les vignerons alsaciens admettent définitivement que seule la recherche de la qualité peut leur accorder la place qu'ils ambitionnent sur le marché. C'est en 1936, lors d'une assemblée générale de l'AVA (Association des viticulteurs d'Alsace), que fut, pour la première fois, présentée une proposition de réglementation spéciale sur les vins d'Alsace, malheureusement sans succès. Aussitôt après la Seconde Guerre mondiale et surtout à la suite du blocage des vins sans appellation par l'Administration pour le ravitaillement des troupes, on ressortit des tiroirs certains dossiers bien conservés, qui permirent, par une ordonnance datant du 23 novembre 1945, de définir l'appellation d'origine simple « Vins d'Alsace » et d'instituer un comité régional d'experts.

Il resta aux viticulteurs une autre étape à franchir, qui fut celle d'être acceptés dans la grande famille des appellations d'origine contrôlée. Ce vœu se réalisa grâce au décret du 3 novembre 1962, qui donna à la viticulture alsacienne la consécration définitive de l'appellation d'origine contrôlée « Vins d'Alsace ». Ces textes furent ensuite actualisés et précisés durant les années 1970. C'est donc une véritable politique de qualité mise en place par l'interprofession, politique fondée notamment sur la limitation des rendements et l'obligation de la mise en bouteilles sur les lieux d'origine.

Les années 1970 ont marqué pour les vins d'Alsace une accélération vertigineuse du processus de conquête de la qualité. Plusieurs décrets ont contribué à cette avancée : suppression de certains cépages, mise en bouteilles, rendement, classification des vins d'Alsace parmi les plus grands vins français, reconnaissance des crémants. Et il faudra attendre 1984 pour qu'un décret officialise les vins de vendanges tardives et les sélections de grains nobles et 1992 pour entrer dans l'ère de la dénomination géographique Alsace Grand Cru.

Roland OBERLÉ

Voici les cépages d'Alsace et leurs principales caractéristiques :

– **Le Chasselas :** un cépage en perte de vitesse, mais qui a eu son heure de gloire au début du siècle. Le vin de Chasselas est un vin blanc frais et léger, mais qui pèche par son manque de caractère aromatique. Il sert dans la majorité des cas à l'élaboration de l'Edelzwicker.

– **Le Sylvaner :** c'est un cépage probablement d'origine autrichienne ou hongroise. C'est un vin d'une grande fraîcheur, agréablement herbacé, sans grande prétention, mais agréable pour se rafraîchir.

– **Le Pinot blanc** ou **Klevner** ou **Auxerrois :** sous la dénomination Pinot blanc, deux cépages sont utilisés : le Pinot blanc et le Pinot auxerrois, souvent récoltés et vinifiés ensemble. Le Pinot blanc apporte une pointe de fraîcheur agréable soutenue par un corps bien structuré et harmonieux. Le Pinot auxerrois apporte le caractère fruité, souvent moins vif et moins finement bouqueté. Ils sont couramment utilisés pour l'élaboration du crémant d'Alsace A.O.C.

– **Les Muscats :** deux cépages différents servent à la vinification du Muscat d'Alsace : le Muscat d'Alsace, identique au Muscat méditerranéen, et le Muscat Ottonel, une sorte de Chasselas aromatique. Ils donnent un vin sec au fruité muscaté inimitable.

– **Le Riesling :** c'est le cépage alsacien par excellence. Souvent implanté dans d'autres régions à travers le monde, c'est sûrement en Alsace qu'il réussit le mieux. Son vin, délicat et racé, a un fruité inégalable allié à une bonne acidité persistante au palais. Vendangé tardivement, on obtient un vin harmonieux, susceptible de se garder durant de longues années.

– **Le Tokay-Pinot gris :** contrairement à la légende, le Tokay-Pinot gris est le Rülander allemand ou la Malvoisie connue en Suisse et dans d'autres contrées viticoles. Vin souvent capiteux et corsé, il peut, dans certains cas, être frais, racé et séveux. De plus en plus apprécié pour sa classe et sa distinction, il est le bourgeois des vins d'Alsace.

– **Le Pinot noir :** tantôt rose et souvent rouge depuis la dernière décennie, ce cépage, fort bien utilisé en Bourgogne d'où il est originaire, peut produire en Alsace des vins intéressants, caractérisés par un beau fruité durant leur première jeunesse, et par des arômes plus complexes en vieillissant.

– **Le Gewurztraminer :** issu par sélection progressive du Traminer, cousin du Savagnin rosé, ce cépage très aromatique donne régulièrement un vin charpenté, musqué et parfumé. Une explosion d'arômes de fleurs, de fruits exotiques, de parfums lourds associés à une grande charpente. C'est un vin de longue garde, l'Empereur des vins d'Alsace.

Fleischschnaka

Préparer la pâte à nouilles (p. 60). Abaisser la pâte en deux grands rectangles.

Faire revenir, sans coloration, les oignons hachés dans un mélange de beurre et d'huile. Ajouter la viande hachée, les œufs, les herbes ciselées, la mie de pain émiettée et 10 cl de fond de volaille. Remuer quelques minutes à feu doux. Laisser refroidir.

Répartir la farce sur les abaisses et les rouler sur elles-mêmes. Souder avec un peu d'eau sur toute la longueur des rouleaux. Les tailler en tranches épaisses et les faire revenir des deux côtés dans une cocotte en fonte. Mouiller avec le reste de fond de volaille, le vin, ajouter le laurier et laisser mijoter à très faible ébullition pendant 10 minutes.

Prélever les tranches avec une écumoire.

Servir accompagné d'une salade.

6 pers.
Préparation : 40 min
Cuisson : 15 min

Pour la pâte à nouilles :
6 œufs
10 g de sel fin
1 cuil. à café de vinaigre de vin
400 g de farine
100 g de semoule de blé dur
Gros sel.

2 oignons
Beurre
Huile
1,200 kg de viandes cuites (paleron de bœuf, carré de veau, etc.)
2 œufs
Mélange d'herbes : persil, cerfeuil, estragon
100 g de mie de pain trempée dans du lait
1 l de fond de volaille
20 cl de pinot blanc
1 feuille de laurier
Sel, poivre.

VIANDES

6 pers.
Dégorgement : 1 nuit
Préparation : 1 h 15 min
Cuisson : 3 h 30 min

1 estomac de porc
Gros sel
Vinaigre blanc
1 kg de pommes de terre type charlotte
Beurre
50 g d'échalotes
200 g d'oignons
1 blanc de poireau
1/4 de chou vert
400 g d'épaule de porc
250 g de poitrine de porc fraîche
250 g de filet de porc
30 g de sauge
Persil
Fleur de thym
4 œufs
Huile
10 cl de riesling
20 cl de fond de veau
Quatre-épices : poivre noir moulu, muscade râpée, clou de girofle et cannelle en poudre
Sel, poivre.

Pour le court-bouillon :
Carottes
Poireau
Céleri
Thym, laurier
1 clou de girofle.

Estomac de porc farci de pommes de terre, sauce aux « quatre-épices »

Faire dégorger l'estomac de porc pendant une nuit avec du gros sel et du vinaigre. Le retourner, bien le laver et le gratter au couteau.

Éplucher et couper les pommes de terre en petits dés, les blanchir fortement dans l'eau salée, puis les égoutter.

Faire suer au beurre les échalotes et les oignons ciselés, ainsi que le poireau et le chou vert finement émincés. Ajouter les pommes de terre et laisser mijoter ensemble quelques minutes puis refroidir.

Passer l'épaule et la poitrine de porc au hachoir, grille fine.

Couper le filet de porc en petits cubes.

Mélanger les viandes, les herbes, les œufs, le sel et le poivre, puis ajouter délicatement les légumes.

Remplir l'estomac de cette farce, le coudre et le pocher dans un court-bouillon bien relevé pendant environ 2 heures 20 minutes, à petit frémissement. Pendant la cuisson, le piquer avec une aiguille pour éviter l'éclatement.

Pour l'extraire du bouillon, utiliser deux écumoires et le laisser égoutter un moment sur une grille.

Faire ensuite dorer l'estomac de porc dans une cocotte en fonte avec beurre et huile, puis terminer la cuisson encore 30 minutes à 200 °C (th. 6-7), en l'arrosant de temps en temps.

Poser l'estomac sur la planche à découper pour tailler de belles tranches.

Déglacer la cocotte avec le riesling et le fond de veau et relever ce jus avec un peu de « quatre-épices ».

Servir le tout très chaud.

Jambonneau doré au four à la bière blonde et au cumin

6 pers.
Préparation : 30 min
Cuisson : 2 h 30 min

6 jarrets salés de 500 g
2 carottes
1 blanc de poireau
1/4 de céleri-boule
1 oignon
2 échalotes
1 branche de thym
1 feuille de laurier
3 baies de genièvre
3 clous de girofle
6 grains de poivre blanc
25 cl de riesling
30 petites pommes de terre
150 g de beurre
1 l de bière blonde d'Alsace
20 g de cumin
50 cl de fond brun
Sucre en poudre
1,500 kg de choucroute cuite *(p. 52)*
Sel, poivre.

Cuire les jarrets salés 1 heure 20 minutes avec les légumes, les épices et le vin couverts d'eau à hauteur. L'os doit se détacher facilement. Les dorer au four à 180 °C (th. 6) pendant 30 minutes.

Cuire les pommes de terre en robe des champs. Les éplucher et les faire sauter avec 50 g de beurre à la poêle.

Réduire la bière de moitié avec le cumin. Ajouter le fond brun, réduire à bonne consistance et assaisonner. Si la sauce a un peu trop d'amertume, ajouter un peu de sucre. Monter avec le reste de beurre froid coupé en cubes avant de servir.

Réchauffer la choucroute et la répartir en dôme au centre des assiettes. Poser un jambonneau et disposer les pommes de terre autour. Napper de sauce.

VIANDES

Mignon de porc au goût fumé, jus parfumé aux baies de genièvre

Parer les filets mignons de porc et y détailler 6 morceaux de 150 g. Les assaisonner, puis les rôtir à la poêle. Terminer la cuisson au four environ 30 minutes à 150 °C (th. 5).

Réduire ensemble le vin et la bière avec les baies de genièvre, la carotte et l'oignon taillés en grosse mirepoix. Ajouter le jus de veau et réduire à nouveau. Passer au chinois, rectifier cette sauce puis, juste avant de servir, y incorporer 50 g de beurre froid coupé en dés.

Tailler le lard paysan découenné en petits lardons, les faire sauter à la poêle, puis les égoutter.

Nettoyer le chou-fleur et séparer les bouquets. Le cuire à l'eau. L'égoutter, le faire sauter avec le reste de beurre, puis l'écraser en purée. Bien assaisonner.

Escaloper les mignons de porc en grosses tranches, les disposer en éventail dans les assiettes et les couvrir de lardons bien croustillants.

Dresser une grosse quenelle de chou-fleur au centre des assiettes. Verser autour un cordon de sauce, saupoudrer de persil haché.

6 pers.
Préparation : 40 min
Cuisson : 30 min

3 filets mignons de porc
Huile
20 cl de pinot blanc
30 cl de bière blonde
6 baies de genièvre
1 carotte
1 oignon
30 cl de jus de veau
100 g de beurre
250 g de lard paysan
1 chou-fleur
Persil frisé
Sel, poivre.

Choucroute « formidable »

6 pers.
Préparation : 40 min
Cuisson : 1 h 40 min

2 kg de choucroute
2 oignons
4 cuil. à soupe de graisse d'oie
25 g de gros sel
4 baies de genièvre
1 cuil. à café de coriandre en grains
3 pincées de poivre blanc
20 cl de riesling
400 g de lard fumé
600 g de collet fumé
400 g de lard salé
6 pommes de terre de type charlotte
6 quenelles de foie (p. 64)
6 petites saucisses paysannes
3 cl d'huile
6 petites saucisses au cumin
3 paires de saucisses de Strasbourg
3 jambonneaux (p. 50).

Laver la choucroute plusieurs fois à l'eau chaude. L'égoutter soigneusement.

Faire revenir les oignons émincés dans la graisse d'oie, sans coloration. Ajouter la choucroute salée et poivrée, les épices, le riesling, 50 cl d'eau et le lard fumé. Cuire à couvert, pendant environ 1 heure ; la choucroute doit rester légèrement croquante.

Cuire le collet fumé et le lard salé dans une grande quantité d'eau pendant 30 à 40 minutes.

Cuire les pommes de terre en robe des champs. Les éplucher.

Colorer les quenelles de foie et les saucisses paysannes à la poêle avec un peu d'huile.

Réchauffer les saucisses au cumin et les saucisses de Strasbourg dans de l'eau à peine frémissante (l'eau ne doit pas bouillir sinon les saucisses éclatent).

Dresser la choucroute au centre d'un plat bien chaud. Poser au-dessus les jambonneaux et les saucisses de Strasbourg attachées par deux. Disposer les viandes coupées en tranches sur la choucroute, puis alterner les autres garnitures.

À table, un chauffe-plat et un couvercle vous permettront de garder ce plat bien au chaud.

VIANDES

NAVET CONFIT

Une autre grande spécialité alsacienne est le navet confit. Conservé en saumure, il se prépare de la même façon que la choucroute et accompagne avec bonheur une palette fumée ou un filet de porc fumé (kassler).

Il faut compter environ 250 g de navet par personne et 1 heure de cuisson après l'avoir rincé deux fois avec soin.

Servir accompagné de pommes de terre cuites à l'eau.

Baeckeoffe aux trois viandes

6 pers.
Préparation : 30 min
Marinade : 1 nuit
Cuisson : 3 h

600 g d'épaule de porc
600 g d'épaule d'agneau
300 g de paleron de bœuf
2 bouteilles de pinot blanc ou de riesling
1 branche de thym
1 feuille de laurier
2 kg de pommes de terre
200 g de carottes
500 g d'oignons
600 g de pieds de porc coupés en rondelles
8 g de fleur de thym séché
30 cl de fond de veau
35 g de sel
5 g de poivre blanc moulu.

Couper les trois viandes en gros cubes et les faire mariner une nuit avec le vin, la branche de thym et la feuille de laurier.

Éplucher et émincer les pommes de terre, les carottes et les oignons en fines rondelles.

Dans une grande terrine en terre cuite, disposer dans l'ordre : une couche de pommes de terre, la moitié des oignons et des carottes, la moitié de la viande et les pieds de porc. Assaisonner de sel et de poivre et saupoudrer de fleur de thym. Mouiller avec la moitié du fond de veau et recommencer cette opération. Terminer par une couche de pommes de terre.

Filtrer la marinade et la verser dans la terrine. Couvrir le tout d'une feuille de papier sulfurisé, mettre le couvercle et cuire au four 1 heure à 220 °C (th. 7-8), puis environ 2 heures à 180 °C (th. 6). Pour vérifier la cuisson, prélever un pied de porc, la chair doit se détacher facilement de l'os.

15 minutes avant la fin de la cuisson, enlever le couvercle et le papier sulfurisé afin de donner une belle coloration aux pommes de terre.

VIANDES

Servir dans la terrine, accompagné d'une belle salade.

Pavés de filet de bœuf rôtis, jus corsé au rouge d'Alsace

6 pers.
Préparation : 30 min
Cuisson : 45 min

6 grosses échalotes
1,5 l de pinot noir corsé
Sucre en poudre
Mirepoix de navets, carottes, oignons
1/2 l de fond de veau
Beurre
500 g de navets blancs
300 g de haricots mangetout
6 beaux pavés de filet de bœuf de 180 g
Sel, poivre du moulin.

Pocher longuement les échalotes non épluchées dans 75 cl de pinot noir et un peu de sucre. Les réserver.

Réduire le reste de pinot noir avec deux tiers de la mirepoix de légumes. Ajouter le fond de veau et laisser encore réduire puis passer cette sauce au chinois. Au dernier moment, y incorporer en fouettant 50 g de beurre froid. Rectifier l'assaisonnement.

Éplucher et couper les navets blancs en leur donnant une forme régulière. Les cuire 10 minutes à l'eau puis les faire sauter au beurre. Assaisonner.

Laver et équeuter les haricots mangetout, les cuire à l'eau bouillante salée pendant 5 minutes en les gardant croquants. Les refroidir dans l'eau glacée pour qu'ils restent bien verts.

Poêler fortement des deux côtés les pavés de bœuf assaisonnés. Terminer la cuisson au four. Suivant l'épaisseur des pavés et le degré de cuisson souhaité, compter 2 à 8 minutes de cuisson à 200 °C (th. 6-7).

Disposer les filets au centre des assiettes, les napper de sauce. Réchauffer les légumes et les répartir dans les assiettes, poser l'échalote debout, à moitié épluchée.

Chou rouge aux marrons

6 pers.
Préparation : 40 min
Cuisson : 1 h 30 min

1 chou rouge
500 g de marrons
3 cuil. à soupe de graisse d'oie
2 oignons
1/2 l de vin rouge
10 cl de vinaigre de vin
1 branche de thym
1 feuille de laurier
1 clou de girofle
1 cuil. à soupe de gelée de groseille
Sel, poivre.

Nettoyer le chou, enlever les feuilles extérieures. Couper le chou en quatre, ôter le trognon et émincer le tout en lanières.

Éliminer l'écorce dure des marrons avec un petit couteau pointu. Les mettre ensuite 5 minutes dans l'eau bouillante, pour pouvoir éplucher la seconde peau.

Faire suer à la graisse d'oie les oignons émincés, puis ajouter le chou. Mouiller avec le vin rouge, le vinaigre et un peu d'eau. Ajouter le thym, le laurier et le clou de girofle et faire mijoter à couvert pendant 30 minutes.

Ajouter les marrons et laisser cuire encore 1 heure. 5 minutes avant la fin de la cuisson, ajouter la gelée de groseille et laisser compoter à découvert en remuant de temps en temps.

Retirer la feuille de laurier et le clou de girofle.

Chou vert au lard fumé

Retirer les feuilles extérieures et les grosses côtes du chou, le laver, le blanchir, le rafraîchir dans l'eau glacée et l'égoutter. Reprendre les feuilles et les tailler grossièrement.

Couper de fines tranches de lard découenné. En disposer la moitié dans le fond d'une cocotte en fonte. Ajouter le chou assaisonné et la carotte taillée en petits dés, ainsi que le bouquet garni et l'oignon piqué du clou de girofle. Mouiller avec le fond de volaille. Recouvrir du reste des tranches de lard et mettre le couvercle. Porter à ébullition puis terminer la cuisson au four à 180 °C (th. 6) pendant environ 1 heure.

Retirer l'oignon et le bouquet garni avant de servir.

6 pers.
Préparation : 30 min
Cuisson : 1 h 15 min

1 gros chou vert frisé
300 g de lard paysan
1 carotte
1 bouquet garni
1 oignon
1 clou de girofle
30 cl de fond de volaille
Muscade râpée
Sel fin, poivre.

Galettes de pommes de terre

6 pers.
Préparation : 20 min
Cuisson : 10 min

1 kg de pommes de terre
100 g d'échalotes
3 œufs
30 g de farine
Persil
Huile
Muscade râpée
Sel, poivre.

Râper les pommes de terre épluchées et les presser pour éliminer l'excédent d'eau. Incorporer rapidement (pour éviter que les pommes de terre ne noircissent) les échalotes ciselées, les œufs, la farine, le persil haché et l'assaisonnement.

Faire chauffer de l'huile dans une poêle antiadhésive. Y déposer le mélange par petits tas et aplatir les galettes avec une écumoire. Dès qu'elles sont bien dorées, les retourner et terminer la cuisson sur feu doux.

Roïgebrageldi

8 pers.
Préparation : 15 min
Cuisson : 2 h

2 kg de pommes de terre farineuses
400 g d'oignons
500 g de beurre
2 feuilles de laurier
300 g de lard paysan (facultatif)
20 cl de riesling
Sel, poivre.

Couper en fines rondelles les pommes de terre épluchées et ciseler les oignons.

Étaler quelques noisettes de beurre au fond d'une grande cocotte en fonte. Disposer en couches successives pommes de terre, oignons, laurier, sel, poivre, beurre et, le cas échéant, de fines tranches de lard. Mouiller avec le vin blanc, couvrir et cuire au four à 180 °C (th. 6) pendant 2 heures.

Spätzles

Mélanger la farine, la semoule, les œufs, 22,5 cl d'eau et le sel. Passer cette masse à travers la grille à gros trous de votre moulin à légumes, dans une grande casserole d'eau bouillante salée.

Quand les spätzles remontent, laisser cuire encore quelques minutes puis les refroidir dans de l'eau glacée. Bien les égoutter et, au moment de les servir, les faire sauter au beurre.

6 pers.
Préparation : 15 min
Cuisson : 20 min

600 g de farine
60 g de semoule de blé tendre
6 œufs
35 g de sel fin
Gros sel
Beurre.

Nouilles fraîches

6 pers.
Préparation : 30 min
Repos : 2 h 30 min
Cuisson : 10 min

6 œufs
10 g de sel fin
1 cuil. à café de vinaigre de vin
400 g de farine
100 g de semoule de blé dur
Gros sel
80 g de beurre.

GARNITURES

Battre légèrement les œufs avec le sel et le vinaigre. Incorporer progressivement la farine et la semoule. Couvrir d'un linge et laisser reposer 1 heure cette pâte qui doit être assez sèche.

Diviser la pâte en petits pâtons de 80 g et les abaisser très finement sur un plan de travail bien fariné. Étaler ces abaisses sur un grand linge et les laisser sécher 30 minutes en les retournant de temps en temps.

Rouler ensuite ces abaisses sur elles-mêmes et les détailler en bandes de 2 à 3 mm de largeur. Les ouvrir en les secouant et les laisser sécher encore 1 heure.

En réserver quelques poignées pour la garniture.

Cuire ces nouilles dans une grande quantité d'eau salée 8 à 10 minutes. Les égoutter, les rincer à l'eau chaude et les réchauffer rapidement avec 50 g de beurre.

Les dresser dans un plat chaud et les parsemer de nouilles sèches réservées que l'on aura fait dorer à la poêle avec le reste de beurre.

Quenelles de semoule rôties

4 pers.
Préparation : 10 min
Cuisson : 15 min

1 l de lait
15 g de sel fin
100 g de beurre
200 g de semoule de blé tendre
2 jaunes d'œufs
Noix de muscade râpée
Poivre blanc moulu.

Faire bouillir le lait avec le sel et la moitié du beurre. Ajouter la semoule en pluie fine tout en remuant énergiquement. Baisser le feu et continuer à remuer jusqu'à épaississement.

Hors du feu, ajouter les jaunes d'œufs et la muscade. Verser l'ensemble dans un plat et laisser prendre.

Au moment de servir, mouler des quenelles à l'aide de deux cuillères et les dorer au beurre, dans une poêle.

Ces quenelles peuvent servir de garniture à un plat de viande ou de gibier ou de plat principal pour un dîner simple, accompagnées d'une belle salade.

Si le sel et la muscade sont remplacés par un peu de sucre, les quenelles de semoule pourront être dégustées avec de la compote ou des fruits au sirop.

Filets de harengs marinés à la crème de moutarde

6 pers.
Préparation : 30 min
Dessalage : 24 h
Repos : 24 h

9 harengs salés
2 oignons
2 carottes
1/2 céleri-rave
1 botte d'oignons de mai
10 grains de poivre noir
10 baies de genièvre
2 feuilles de laurier
50 cl de vinaigre de vin
25 cl de pinot blanc
20 cl d'huile d'arachide
40 cl de crème fraîche
1 cuil. à soupe de moutarde forte
1 cuil. à soupe de moutarde à l'ancienne
1 kg de pommes de terre charlotte ou roseval
Sel, poivre.

Écailler les harengs et lever les filets. Les faire dessaler dans l'eau froide pendant 24 heures en changeant l'eau plusieurs fois.

Ranger les harengs dans une terrine en terre cuite et les recouvrir avec les légumes en rondelles, les épices, le vinaigre, le vin et 25 cl d'eau. Compléter la marinade avec l'huile. Couvrir et mettre au frais pendant 24 heures.

Disposer 3 filets de hareng par assiette et les entourer de crème et de moutarde bien assaisonnée. Accompagner de pommes de terre en robe des champs.

Tourte de la vallée de Munster

8 pers.
Préparation : 45 min
Repos : 1 h
Marinade : 2 h
Cuisson : 1 h 10 min

1 kg de farine
500 g de beurre
30 g de sel
400 g d'épaule de porc
400 g d'épaule de veau
30 cl de riesling
100 g de lard gras
Cerfeuil, ciboulette, estragon
80 g d'échalotes
20 cl de crème fraîche
5 jaunes d'œufs
Quatre-épices
Sel, poivre.

Mélanger la farine, le beurre en pommade, le sel et 30 cl d'eau. Réserver la pâte obtenue au frais.

Mariner la viande parée avec 25 cl de riesling pendant 2 heures.

Détailler 50 g de chaque viande en petits cubes. Passer le reste de viande et le lard deux fois dans la grosse grille du hachoir ainsi que les herbes et les échalotes. Ajouter la crème, 5 cl de riesling, 4 jaunes d'œufs et l'assaisonnement.

Étaler une partie de la pâte. En garnir une tourtière beurrée en laissant la pâte dépasser de quelques centimètres.

Mélanger tous les éléments de la farce et garnir la tourtière.

Étaler le reste de pâte, en dorer le pourtour, la retourner et recouvrir complètement la tourte. Bien souder les bords en pinçant avec les doigts. Dorer la tourte avec le jaune d'œuf restant et très peu d'eau. Détailler une petite ouverture au centre, la combler avec un petit morceau de papier d'aluminium et l'entourer d'une petite collerette de pâte. Cuire à 180 °C (th. 6) pendant 1 heure à 1 heure 10 minutes.

6 pers.
Préparation : 30 min
Repos : 1 nuit
Cuisson : 30 min

800 g de foie de porc
300 g d'échine de porc sans os
350 g d'oignons
50 g de persil équeuté
5 œufs
100 g de semoule de blé tendre
100 g de farine
30 g de beurre
15 cl d'huile
150 g de mie de pain
30 g de sel
5 g de poivre.

Quenelles de foie aux oignons et aux petits croûtons

Passer le foie, la viande, 150 g d'oignons et le persil au hachoir à viande, grille fine. Ajouter dans cette masse les œufs, la semoule, la farine et l'assaisonnement. Laisser reposer une nuit au réfrigérateur.

Former de belles quenelles de la taille d'un petit œuf, à l'aide de deux cuillères. Les pocher dans une grande quantité d'eau bouillante salée. Laisser cuire à petite ébullition. Refroidir dans l'eau glacée et égoutter soigneusement.

Au moment de servir, les colorer à la poêle avec le beurre et 3 cl d'huile. Les passer quelques minutes au four.

Émincer les oignons restants en fines rondelles et les frire avec le reste d'huile. Les sortir avec une écumoire et les égoutter sur du papier absorbant. Les saler.

Couper la mie de pain en petits cubes et les blondir au four.

Disposer les oignons et les croûtons sur les quenelles.

Servir avec une salade bien relevée.

PETITS PLATS

6 pers.
Préparation : 15 min
Cuisson : 40 min

1 kg de boudin noir frais
1 kg de pommes reinette
200 g de beurre
Graisse d'oie.

Boudins aux reinettes

Pocher les boudins dans de l'eau à peine frémissante pendant 15 minutes en ayant pris soin de les piquer avec une aiguille pour qu'ils n'éclatent pas.

Peler, épépiner et couper les pommes en quartiers. Les rôtir à la poêle dans le beurre. Terminer la cuisson pendant quelques minutes au four.

Avant de servir, rissoler les boudins sur les deux côtés, à la poêle, dans la graisse d'oie.

Les servir dans un grand plat, entouré des pommes sautées.

6 pers.
Préparation : 40 min
Cuisson : 2 h

2 carottes
1 blanc de poireau
1 navet
1 oignon piqué de 2 clous de girofle
1 feuille de laurier
Gros sel
1 poule de 1,200 kg
300 g de ris de veau
250 g d'épaule de veau
3 blancs d'œufs
45 cl de crème fraîche
Fécule
300 g de champignons de Paris
1/2 citron
Beurre
6 croûtes en feuilletage
Persil haché
Muscade râpée
Sel, poivre.

PETITS PLATS

Bouchées à la reine à l'ancienne

Rassembler dans une grande casserole les légumes épluchés et coupés en gros morceaux, le laurier et une poignée de gros sel. Remplir d'eau et porter à ébullition. Y plonger la poule, laisser mijoter à petit feu pendant 1 heure.

Blanchir le ris de veau, le rafraîchir et le rincer. Le mettre à cuire avec la poule pendant 20 minutes.

Sortir la poule et le ris de veau du fond de cuisson. Presser le ris de veau. Couper la chair de la poule en gros dés. Éplucher le ris de veau et le couper également en dés.

Mixer très finement le veau coupé en cubes avec les blancs d'œufs. Ajouter 15 cl de crème. Assaisonner de sel, de poivre et de muscade râpée. Remplir une poche munie d'une douille unie de ce mélange. Appuyer et couper tous les 3 ou 4 cm au-dessus du bouillon. Laisser pocher ces miniquenelles 10 minutes dans le liquide à peine frémissant.

Passer le bouillon au chinois. Le réduire à 50 cl, ajouter le reste de crème et faire bouillir encore quelques minutes. Rectifier l'assaisonnement (si nécessaire, lier avec un peu de fécule). Ajouter tous les ingrédients ainsi que les champignons de Paris citronnés et sautés au beurre.

Réchauffer les croûtes au four. Les disposer dans les assiettes, les garnir et saupoudrer de persil.

Servir avec des nouilles fraîches (p. 60).

6 pers.
Préparation : 30 min
Cuisson : 4 h 10 min

9 pieds de porc entiers
50 cl de pinot blanc
3 carottes
2 oignons
4 clous de girofle
1 bouquet garni
Vert de poireau
500 g de crépine de porc
5 cl d'huile
150 g de farine
3 œufs
200 g de chapelure
1 l de bière blonde
3 échalotes
25 cl de riesling
30 cl de fond brun
Gros sel, poivre.

Pieds de porc panés à la bière blonde

Cuire les pieds de porc comme un pot-au-feu pendant environ 4 heures avec le pinot blanc et la garniture aromatique complétés avec de l'eau à hauteur, du sel et du poivre.

Les désosser entièrement puis reconstituer 6 pieds. Les emballer dans la crépine que vous aurez lavée à l'eau plusieurs fois. Les rissoler ensuite à l'huile dans une poêle très chaude, pour colorer la crépine.

Après les avoir soigneusement épongés, les passer tour à tour dans la farine, les œufs battus et la chapelure pour les paner.

Réduire la bière, les échalotes ciselées et le riesling jusqu'à obtenir une consistance sirupeuse. Mouiller avec le fond brun et réduire à nouveau. Passer au chinois.

Avant de servir, passer les pieds de porc au four environ 10 minutes à 180 °C (th. 6).

Disposer un pied au centre de chaque assiette. Entourer d'un cordon de sauce.

PETITS PLATS

Jambon en croûte, salade de mâche

15 pers. environ
Préparation : 30 min
Cuisson : 5 h

1 jambon salé découenné, désossé et légèrement fumé de 4 à 5 kg
1 bouteille de pinot blanc
1 gros bouquet garni
2 blancs de poireaux
3 oignons
3 carottes
1,500 kg de pâte à pain
20 g de beurre
Farine
3 jaunes d'œufs
Mâche
Vinaigrette n° 2 (p. 10)
Échalotes.

Disposer le jambon dans une grande marmite. Mouiller avec le vin et de l'eau à hauteur. Ajouter le bouquet garni et les légumes taillés grossièrement. Cuire à très faible ébullition en comptant 20 minutes par livre. Laisser tiédir le jambon dans le bouillon.

Le sortir, l'éponger, le parer si nécessaire et le laisser refroidir.

Étaler la pâte sur 0,5 cm d'épaisseur. Poser le jambon, la partie bombée dessous. Bien refermer la pâte en soudant les bords avec un peu d'eau, puis le déposer sur une plaque beurrée et farinée, la soudure se trouvant dessous. Réaliser une petite cheminée sur le dessus en maintenant l'ouverture avec du papier d'aluminium et l'entourer d'une collerette de pâte. Réaliser suivant votre fantaisie quelques décors de pâte. Dorer avec les jaunes détendus avec un peu d'eau. Cuire environ 1 heure 30 minutes à 180 °C (th. 6).

Présenter la pièce entière à table, puis détailler de grosses tranches.

Accompagner d'une salade de mâche à l'échalote.

Munster coiffé

4 pers.
Préparation : 20 min
Cuisson : 45 min

1 kg de pommes de terre
3 échalotes
30 g de beurre
3 cl d'huile
1 munster bien fait de 450 g
Sel, poivre.

Faire cuire les pommes de terre en robe des champs, les éplucher et les couper en rondelles.

Dans une grande poêle en fonte, faire revenir sans coloration les échalotes ciselées dans un mélange de beurre et d'huile. Ajouter la moitié des pommes de terre, le munster coupé en gros cubes puis l'autre moitié des pommes de terre. Laisser bien colorer, puis retourner le tout à l'aide de deux palettes. Terminer la cuisson pendant 30 minutes au four à 180 °C (th. 6).

Servir avec une salade verte bien croquante.

PETITS PLATS

Fromage blanc à la ciboulette, pommes sautées

6 pers.
Préparation : 20 min
Cuisson : 30 min

1 kg de fromage blanc à 40 % de M.G.
200 g de crème épaisse
1,200 kg de pommes de terre
30 g de beurre
3 cl d'huile
200 g de lard paysan
3 échalotes
3 gousses d'ail
Ciboulette
Persil frisé
1 oignon
Noix de muscade râpée
Sel, poivre du moulin.

Mélanger le fromage blanc et la crème. Assaisonner.

Cuire les pommes de terre en robe des champs, les éplucher et les couper en rondelles.

Faire revenir à la poêle dans un mélange beurre/huile le lard coupé en dés et 1 échalote ciselée. Ajouter les pommes de terre, le sel et le poivre. Laisser bien rôtir en retournant de temps en temps à l'aide d'une spatule.

Émincer très finement ail, ciboulette, persil, oignon et échalotes et présenter ces aromates séparément. Chacun pourra se servir et les mélangera à son goût au fromage blanc.

Le calendrier gourmand

En Alsace, tout au long de l'année, les fêtes calendaires sont marquées par des spécialités gastronomiques qu'on ne confectionne qu'à ces occasions.

Les souvenirs des fêtes de fin d'année sont à peine estompés que voici venir la litanie des beignets de carnaval et de la mi-carême symbolisant au XIXe siècle la dichotomie carnaval-carême, gros-maigre : Jungfreküechla, beignets de jeune fille en forme de cœurs, étoiles, disques, à la crème, aux amandes, aux essences parfumées, spécialités de haute Alsace qui portent aussi les noms de Knieplätz, Schenkele, mais aussi de basse Alsace sous l'appellation Ringle, Schiewle, Schwette, Iseküechle. Ces beignets étaient confectionnés par les jeunes filles à l'intention des éventuels prétendants.

Et voici Pâques et son lièvre dispensateur de friandises (lapin, œuf, poule, poisson en chocolat) que les enfants trouvent dans les nids de paille. Car le lièvre de Pâques alsacien est le seul qui ponde des œufs ! Le dessert du déjeuner pascal sera constitué par un osterlammele, l'agneau pascal en biscuit moulé dans un moule de Soufflenheim. Jusqu'à la fin du XIXe siècle, on mangeait en Alsace, héritage de la tradition juive, un agneau en chair et en os. L'agneau en biscuit l'a symboliquement remplacé.

Le printemps et l'été sont passés, la mauvaise saison s'annonce, marquée, le 11 novembre par la fête de Saint-Martin.

Vingt jours plus tard commence le cycle de l'Avent, marqué le 6 décembre par la Saint-Nicolas et l'apparition des « Mannala ». Le Mannala est un petit bonhomme en pâte de 15 à 20 cm de hauteur, avec une grosse tête ronde et chauve, un corps ventru affublé de membres épais et courts (surtout les bras), et les yeux représentés par des entailles ou par des raisins secs. Il fait partie du rituel de la Saint-Nicolas, sous sa forme classique ou sous la forme de diverses variantes depuis le XVIe siècle. Les bras atrophiés de cette brioche évoquent l'épisode des enfants tués et découpés par le boucher et ressuscités par le saint. Cette brioche se consommait le soir de la venue de saint Nicolas et jusqu'à l'Épiphanie.

La Saint-Nicolas est aussi le jour de gloire d'une spécialité plusieurs fois séculaire, le pain d'épice de Gertwiller, de Barr, de Guebwiller essentiellement, qui sont les seuls à figurer en 1933 dans le *Trésor gastronomique* de Curnonsky.

Cependant, où que l'on se trouve en Alsace, le pain d'épice n'a rien perdu de son importance. Jusque vers 1960, le Saint-Nicolas en pain d'épice est le cadeau incontournable du 6 décembre. Lors de visites officielles, le jour de la fête patronale et de la fête des conscrits, on offrait aux hôtes et aux personnalités de grands pains d'épice ornés des armoiries de la commune, marqués du nom de l'illustre visiteur.

La fête de Noël est tout particulièrement nimbée de parfums subtils, ceux de Wienachtbredele et du Berawaecka.

Les pâtisseries de la famille des Berawaecka étaient alors exclusivement fabriquées pour Noël, moment fort de symbolisme. En effet, dans toutes les formes qu'elle revêt à travers l'Alsace, cette spécialité comprend des noix et des amandes qui évoquent le message divin : pour accéder au fruit, il faut briser la coquille où il est caché. Selon plusieurs sources, le Berawaecka se servait au siècle dernier avant la messe de minuit et pouvait être accompagné de pain d'épice, de vin chaud ou de compote.

Dans les premiers jours de décembre, à l'aube ou au crépuscule, les Alsaciens avaient coutume de s'écrier : « S'christkindel bacht ! » (l'enfant Jésus confectionne des bredele !). Parmi ces innombrables petits gâteaux, les petits gâteaux à l'anis, ou Anisbredele, sont peut-être les plus anciens et les plus renommés. En règle générale, tous ces Bredele étaient destinés à décorer le sapin de Noël, usage qui s'est poursuivi jusque dans les années 1950, avant que les boules en verre soufflé ne viennent les supplanter. Mais ils n'ont rien perdu de leur importance en tant que friandises.

Avec le nouvel an s'impose le gâteau emblématique de l'Alsace avec le kougehopf ; c'est le Bretzel qui a joué un rôle fondamental dans l'alimentation populaire tout au long du Moyen Âge.

Jusqu'au dernier siècle, le Bretzel était chargé de symboles. Le passage de l'ancienne à la nouvelle année favorise l'apparition de formes originales de cadeaux alimentaires où le Bretzel, souvent de taille respectable, occupe une place de choix : le Bretzel peut non seulement être utilisé comme élément de décoration du sapin de Noël, mais aussi des bouquets de rameaux le dimanche avant Pâques. Sans oublier que c'est le cadeau rituel par excellence que le jeune homme va offrir à la jeune fille pour lui exprimer son amour. S'il a perdu aujourd'hui sa valeur symbolique, le Bretzel est omniprésent chez les boulangers et sur les tables de tous les débits de bière d'Alsace, où il est offert sur un présentoir en bois.

Pour fêter dignement la fin du cycle de Noël et celui du début effectif de la nouvelle année, le 6 janvier, le *Grossneujahr*, les corporations se réunissaient la veille dans leurs poêles ou sièges et élisaient au hasard un roi éphémère, que les membres de la corporation s'empressaient d'honorer bruyamment. L'une des coutumes qui provient de ces fêtes de corporations liées au 6 janvier est celle de la galette des Rois, déjà solidement ancrée en Alsace depuis le XVe siècle.

Au cours du XVIIIe siècle et jusqu'en 1830, les boulangers de Colmar et de Strasbourg avaient coutume d'offrir une galette des Rois à leurs clients.

Aujourd'hui, la galette des Rois parisienne, en pâte feuilletée et frangipane, a largement pris le pas sur la galette alsacienne traditionnelle en pâte briochée façonnée en couronne ou en bretzel. Quant aux fèves, elles ont été remplacées depuis longtemps par des figurines en porcelaine ou en matière plastique.

La nouvelle année vient de commencer. Dans moins de deux mois recommence le cycle du carême.

Roland OBERLÉ

6 pers.
Préparation : 40 min
Cuisson : 40 min

2 l de pinot noir
2 bâtons de cannelle
1 anis étoilé
5 grains de cardamome écrasés
700 g de sucre en poudre
9 poires Williams
50 g de fécule de maïs
6 œufs
2 gousses de vanille
50 cl de lait
50 cl de crème fraîche
5 cl d'alcool de poire.

DESSERTS

Poire pochée au pinot noir, coulis épicé et crème mousseline

Faire bouillir ensemble le pinot noir, les épices et 300 g de sucre.

Éplucher, vider les poires par le dessous pour les garder entières. En pocher 6 quelques minutes dans le vin. Vérifier la cuisson avec la pointe du couteau. Les faire égoutter sur du papier absorbant.

Réserver 1 dl de jus et faire réduire longuement le reste jusqu'à obtenir une consistance sirupeuse. Le passer au chinois.

Réaliser un sirop léger avec 250 g de sucre, le jus réservé et 50 cl d'eau. Y pocher les 3 poires restantes. Les couper en petits cubes et les réserver.

Mélanger vivement la fécule, 150 g de sucre et les œufs.

Faire infuser la gousse de vanille fendue en deux dans le lait et le porter à ébullition. L'ajouter au mélange œufs-sucre et remettre sur feu doux sans cesser de remuer pendant 4 à 5 minutes pour le faire épaissir.

Retirer la gousse de vanille et transvaser la crème dans un saladier. Quand elle est froide, lui adjoindre la crème montée, l'alcool de poire et la chair des 3 poires pochées taillées en petits cubes.

Disposer une poire pochée sur chaque assiette et deux quenelles de crème mousseline.

Napper les poires de coulis épicé.

Œufs à la neige

6 pers.
Préparation : 30 min
Cuisson : 10 min

8 œufs
225 g de sucre en poudre
75 cl de lait
1 gousse de vanille.

Battre au fouet 8 jaunes d'œufs avec 110 g de sucre jusqu'à ce que le mélange blanchisse.

Faire bouillir le lait avec la gousse de vanille fendue en deux. Verser le lait sur les jaunes tout en fouettant vivement. Reverser l'ensemble dans la casserole. Réduire le feu et cuire en mélangeant la crème avec une grande spatule jusqu'à ce que le mélange blanchisse. Si vous disposez d'un thermomètre, fouetter sans arrêt la crème et la retirer du feu dès qu'elle atteint 85 °C. Refroidir immédiatement cette préparation en plongeant le récipient dans l'eau glacée.

Monter les blancs en neige très ferme en incorporant progressivement le sucre restant. À l'aide d'une petite louche, prélever des boules de blanc d'œuf et les pocher 4 à 5 minutes de chaque côté dans de l'eau frémissante. Les égoutter sur un linge.

Dresser en coupe ou en assiette creuse.

Facultatif : décorer les œufs avec un caramel blond déglacé au jus d'orange.

Clafoutis aux cerises noires

6 pers.
Préparation : 30 min
Cuisson : 30 min

500 g de cerises noires
30 g de beurre
8 œufs
5 dl de crème fraîche
3 cl de kirsch
1 jet de vanille liquide
25 g de sucre en poudre
50 g d'amandes en poudre
Sel.

Laver et dénoyauter les cerises. Les disposer dans un grand plat en porcelaine beurré.

Battre les œufs et la crème puis ajouter le kirsch, la vanille, le sucre, les amandes et une pincée de sel. Cuire au four 30 minutes à 180 °C (th. 6).

Servir tiède ou froid.

Gratin de fruits rouges

Laver, égrapper ou dénoyauter les fruits. Les répartir dans des assiettes creuses.

Fouetter au batteur, pendant envircn 10 minutes, les jaunes et le sucre. Ajouter la crème montée et le kirsch. Couvrir les fruits de ce sabayon.

Mettre 5 minutes au four à 180 °C (th. 6) et terminer sous le gril pour donner une belle coloration.

Facultatif : disposer au centre de l'assiette une boule de sorbet framboise avec une feuille de menthe.

6 pers.
Préparation : 15 min
Cuisson : 5 min

600 g de fruits : mûres, groseilles, framboises, cassis, cerises
5 jaunes d'œufs
120 g de sucre en poudre
100 g de crème fraîche
3 cl de kirsch.

6 à 8 pers.
Préparation : 30 min
Cuisson : 40 min

500 g de pâte brisée
20 g de beurre
Farine
5 ou 6 pommes boskoop
150 g de sucre en poudre
4 œufs +2 jaunes
15 cl de lait
25 cl de crème fraîche
Vanille liquide
Sucre glace.

Tarte aux pommes à l'alsacienne

Étaler la pâte, en garnir un moule à tarte de 30 cm de diamètre beurré et fariné. Piquer le fond.

Couper les pommes épluchées en six ou en huit. Inciser le dos des quartiers et les ranger régulièrement sur le fond de tarte. Saupoudrer de 50 g de sucre en poudre et enfourner pendant 20 minutes à 180 °C (th. 6).

Préparer le flan en mélangeant les œufs, les jaunes, le reste de sucre, le lait, la crème et quelques gouttes de vanille. Le verser sur la tarte et poursuivre la cuisson à 170 °C (th. 5-6) pendant 15 à 20 minutes.

Saupoudrer de sucre glace et servir encore tiède.

DESSERTS

6 à 8 pers.
Préparation : 30 min
Cuisson : 55 min

500 g de pâte brisée
20 g de beurre
Farine
6 biscuits cuiller ou brisures de génoise
1,500 kg de quetsches ou de mirabelles
100 g de sucre en poudre
Sucre glace
5 g de cannelle en poudre.

Tarte aux fruits (quetsches, mirabelles)

Étaler la pâte brisée. En garnir un moule de 30 cm de diamètre beurré et fariné. Recouvrir de papier d'aluminium, remplir de haricots secs. Faire cuire à blanc 15 minutes à 200 °C (th. 6-7). Retirer le papier d'aluminium et les haricots.

Émietter les biscuits cuiller sur l'abaisse.

Laver les fruits, les dénoyauter et les couper en deux ou en quatre. Les disposer régulièrement sur le fond en commençant par le bord. Saupoudrer de sucre en poudre et cuire à 180 °C (th. 6) pendant 30 à 40 minutes.

Démouler sur une grille. Saupoudrer de sucre glace et de cannelle avant de servir.

Facultatif : ajouter un flan comme pour la tarte aux pommes ci-dessus.

6 à 8 pers.
Préparation : 30 min
Cuisson : 1 h

500 g de pâte brisée
20 g de beurre
Farine
100 g de raisins secs
20 cl de kirsch
6 œufs
150 g de sucre en poudre
500 g de fromage blanc
3 dl de crème fraîche
40 g de fécule
Le zeste de 1 citron
Vanille liquide
Sucre glace
Sel.

Tarte au fromage blanc

Étaler la pâte. La disposer dans un moule à tarte de 30 cm de diamètre beurré et fariné et en piquer le fond. Recouvrir de papier d'aluminium et remplir de haricots secs. Cuire 15 minutes à 200 °C (th. 6-7). Retirer le papier d'aluminium et les haricots.

Faire macérer les raisins secs dans le kirsch.

Travailler les jaunes avec le sucre jusqu'à ce que le mélange blanchisse, puis ajouter le fromage blanc, la crème, la fécule, le zeste de citron, la vanille liquide et un peu de sel.

Égoutter les raisins secs, bien les sécher et les ajouter dans l'appareil.

Monter les blancs en neige ferme et les incorporer délicatement. Verser le tout dans le fond de tarte et cuire 45 minutes à 160 °C (th. 5-6).

Retourner la tarte sur une grille après cuisson. Quand elle est froide, la remettre à l'endroit sur un plateau et la saupoudrer de sucre glace.

Tarte de Linz

Travailler le beurre ramolli avec le sucre. Ajouter les amandes, 1 œuf, 1 jaune, la levure, la cannelle, le zeste de citron et la farine. La rassembler en boule. Laisser reposer 2 heures au frais.

Étaler les trois quarts de cette pâte sur 3 à 4 mm d'épaisseur. En garnir une tourtière beurrée. Badigeonner le tour avec du blanc d'œuf. Abaisser le reste de la pâte et la découper en bandes de 1 cm. Disposer une de ces bandes sur le tour de la tarte.

Étaler régulièrement la confiture à l'intérieur du cercle de pâte. Recouvrir la tarte de bandes de pâte en formant des croisillons et les dorer à l'œuf battu. Cuire 30 minutes à 180 °C (th. 6).

6 à 8 pers.
Préparation : 30 min
Repos : 2 h
Cuisson : 30 min

125 g de beurre
125 g de sucre en poudre
125 g d'amandes en poudre
3 œufs
2 g de levure chimique
1 cuil. à soupe de cannelle
Le zeste de 1 citron
250 g de farine
250 g de confiture de framboises.

Bienenstich

6 pers.
Préparation : 30 min
Cuisson : 35 min

300 g de farine
15 g de levure de boulanger
5 g de sel
130 g de sucre en poudre
1 œuf
10 cl de lait
170 g de beurre
25 g de miel
100 g d'amandes effilées
5 dl de crème pâtissière
5 cl de kirsch
Sucre glace.

Rassembler la farine, le sel et 40 g de sucre. Ajouter l'œuf avec la levure délayée dans le lait tiède. Commencer à travailler puis incorporer 100 g de beurre ramolli. Travailler rapidement.

Étaler cette pâte sur 3 cm d'épaisseur et la placer dans une tourtière.

Mélanger à feu doux 70 g de beurre, 90 g de sucre, le miel et les amandes.

Étaler cette masse sur le dessus du gâteau à l'aide d'une palette métallique. Laisser lever un peu dans un endroit tiède puis cuire 35 minutes à 180 °C (th. 6).

Après refroidissement, couper horizontalement en deux et garnir de crème pâtissière au kirsch. Saupoudrer de sucre glace.

Gâteau marbré

Mélanger longuement au fouet le beurre ramolli avec le sucre. Ajouter un à un les jaunes d'œufs, puis la farine, la levure chimique, le lait tiède, une pincée de sel et la vanille.

Monter les blancs d'œufs en neige ferme et les incorporer délicatement à la masse. Verser les deux tiers de cette pâte dans un moule à cake beurré. Ajouter le cacao tamisé dans le tiers restant et compléter le moule.

À l'aide d'une fourchette, mélanger les deux pâtes pour obtenir un effet marbré. Cuire à 180 °C (th. 6) pendant 45 minutes.

6 pers.
Préparation : 20 min
Cuisson : 45 min

150 g de beurre
150 g de sucre en poudre
4 œufs
300 g de farine
10 g de levure chimique
15 cl de lait
Sel
1 jet de vanille liquide
20 g de cacao.

Pour 1 pièce
Préparation : 20 min
Repos : 1 h + 30 min
Macération : 1 h
Cuisson : 45 min

170 g de beurre
18 amandes entières
80 g de raisins secs
10 cl de kirsch
400 g de farine
16 g de levure de boulanger
60 g de sucre en poudre
8 g de sel
15 cl de lait
3 œufs
Sucre glace.

Kougelhopf

Beurrer un grand moule à kougelhopf avec 20 g de beurre et disposer au fond 1 amande dans chaque alvéole.

Laver les raisins secs et les faire tremper dans le kirsch.

Rassembler la farine, le sucre et le sel dans un grand saladier. Ajouter petit à petit la levure délayée dans le lait tiède, et les œufs entiers. Mélanger pendant 5 minutes. Puis ajouter le reste de beurre ramolli en trois fois. Travailler vigoureusement.

Mettre cette pâte dans une bassine, couvrir d'un torchon et faire lever dans un endroit tiède pendant 1 heure.

Retravailler la pâte à la main sur un plan de travail fariné et incorporer les raisins secs bien égouttés.

Disposer la pâte au fond du moule et laisser à nouveau lever jusqu'à ce qu'elle atteigne le bord supérieur du moule. Cuire 45 minutes à 145 °C.

Démouler sur une grille. Laisser refroidir. Servir saupoudré de sucre glace.

DESSERTS

Streusel aux pommes et aux poires

Pocher les poires épluchées dans un sirop légèrement citronné. Les égoutter et les couper en petits cubes.

Éplucher et couper les pommes en petits cubes. Les faire compoter une dizaine de minutes avec du sucre en poudre et un peu de jus de citron.

Mélanger pommes et poires.

Réaliser le streusel en mélangeant le beurre en pommade, la farine, le sucre cassonade, la poudre d'amande et un peu de cannelle. Laisser prendre au frais.

Disposer 6 cercles de 10 cm de diamètre sur la plaque à pâtisserie. Y répartir les biscuits cuiller et les imbiber avec un peu de jus de cuisson des poires additionné d'alcool. Étaler dessus la compote bien égouttée. Émietter grossièrement la pâte à streusel de façon à recouvrir complètement les fruits. Mettre au four à 180 °C (th. 6) environ 15 minutes.

Enlever les cercles au dernier moment.

6 pers.
Préparation : 30 min
Cuisson : 15 min

3 poires Williams
5 pommes (Jonagold ou Royal gala)
Sucre en poudre
1 citron
75 g de beurre
75 g de farine
75 g de sucre cassonade
75 g de poudre d'amande
Cannelle en poudre
24 biscuits à la cuiller
Alcool de poire.

Servir accompagné de crème anglaise (voir Œufs à la neige, p. 76).

Vacherins glacés vanille-framboise

6 pers.
Préparation : 30 min
Cuisson : 1 h 30 min

125 g de blancs d'œufs
200 g de sucre en poudre
Glace vanille
Sorbet framboise
25 cl de crème fraîche.

Monter les blancs d'œufs aux trois quarts et ajouter progressivement 125 g de sucre. Continuer à monter et ajouter encore la même quantité de sucre.

À l'aide d'une poche munie d'une douille lisse, dresser des cercles de 5 cm de diamètre sur une feuille de papier sulfurisé. Cuire les meringues au four à 80 °C(th. 3) pendant 1 heure 30 minutes. Elles doivent être sèches à l'intérieur et cassantes.

Remplir des cercles en inox (diamètre : 7 cm - hauteur : 4 cm) à moitié de glace vanille. Poser une meringuette au centre de chaque cercle, puis compléter avec le sorbet framboise. Lisser le dessus avec une palette métallique et mettre au congélateur.

Monter la crème avec le reste de sucre.

Démouler les cercles. Décorer chaque petit vacherin avec la chantilly à l'aide d'une poche munie d'une douille cannelée.

Si vous ne disposez pas de cercles individuels, vous pourrez réaliser de la même manière un grand vacherin à découper.

DESSERTS

Sorbet au marc de gewurztraminer

6 pers.
Préparation : 15 min
Cuisson : 2 min

400 g de sucre en poudre
10 cl de gewurztraminer
3 blancs d'œufs
15 cl de marc de gewurztraminer
Jus de citron.

Porter à ébullition le sucre et 30 cl d'eau pendant 2 minutes. Laisser refroidir puis ajouter le vin.

Battre les blancs en neige ferme et les ajouter au sirop. Verser le tout dans la sorbetière. Quand le mélange commence à prendre, ajouter l'alcool. Bien mélanger et remettre à glacer.

Dresser le sorbet dans des verres à digestif préalablement retournés dans du jus de citron et du sucre en poudre et entreposés au congélateur.

Kougelhopf glacé parfumé au kirsch

6 à 8 pers.
Préparation : 20 min
Cuisson : 3 min

9 g de gélatine en feuilles
55 cl de crème fraîche
175 g de sucre en poudre
5 œufs
5 cl de pinot blanc
5 cl de sirop à 30° (50 cl d'eau bouillante + 675 g de sucre)
5 cl de kirsch
Coulis de framboises.

Faire tremper la gélatine dans l'eau froide.

Monter la crème très ferme avec 50 g de sucre.

Fouetter 5 jaunes d'œufs avec le mélange vin et sirop bouillant jusqu'à ce que l'ensemble soit bien mousseux. Ajouter la gélatine ramollie et égouttée.

Monter les 5 blancs avec le reste de sucre.

Mélanger délicatement les préparations précédentes et ajouter le kirsch. Verser l'appareil dans un moule métallique antiadhésif en forme de kougelhopf. Ajouter 2 cuillerées de coulis de framboises et les mélanger par de rapides mouvements circulaires au moyen d'une fourchette. Faire prendre au congélateur.

Démouler en passant le moule sous l'eau très chaude quelques secondes.

Servir en tranches, accompagné de coulis de framboises.

Décorer avec quelques fruits et de la menthe fraîche.

Schenkele

6 pers.
Préparation : 30 min
Repos : 2 h
Cuisson : 15 min

140 g de beurre
250 g de sucre en poudre
5 œufs
170 g d'amandes moulues
475 g de farine
1/2 cuil. à café de levure chimique
2 cuil. à soupe de kirsch
Sel
Sucre glace.

Travailler le beurre ramolli et le sucre jusqu'à ce que le mélange mousse. Ajouter les œufs un à un et les amandes moulues. Mélanger pendant 15 minutes.

Ajouter la farine, la levure, le kirsch et une pincée de sel. Laisser reposer 2 heures.

Confectionner des petits rouleaux de l'épaisseur d'un doigt. Les faire frire environ 6 minutes dans de l'huile à 165 °C.

Les égoutter sur du papier absorbant.

Quand ils sont froids, les saupoudrer de sucre glace.

DESSERTS DE SAISON

Beignets aux pommes

6 pers.
Préparation : 15 min
Repos : 1 h
Cuisson : 10 min

250 g de farine
Sel
30 g de sucre en poudre
2 œufs
20 g de beurre
20 cl de bière
6 pommes reinette
Sucre glace.

Mélanger au fouet la farine, une pincée de sel, le sucre, les jaunes d'œufs et le beurre fondu. Délayer cette masse avec la bière et laisser reposer 1 heure à température ambiante.

Avant l'emploi, ajouter les 2 blancs d'œufs battus en neige.

Éplucher les pommes et les vider à l'aide d'un vide-pomme. Les couper en rondelles de 7 mm d'épaisseur. Les tremper vivement dans la pâte avant de les plonger dans l'huile de friture à 170 °C. Les laisser dorer quelques minutes sur chaque face, puis les égoutter sur du papier absorbant.

Les dresser en dôme sur un plat, saupoudrer de sucre glace et servir rapidement.

Pour 1,5 kg
Préparation : 30 min
Repos : 12 h
Cuisson : 25 min

125 g d'écorce d'orange confite
125 g d'écorce de citron confite
500 g de miel
500 g de farine
150 g de sucre cassonade
10 cl de kirsch
125 g d'amandes en poudre
1 œuf
20 g de beurre fondu
15 g de cannelle en poudre
5 g de gingembre en poudre
5 g d'anis en poudre
2 g de clous de girofle en poudre
2 g de cardamome en poudre
2 g de muscade râpée
15 g de levure chimique.

Glaçage :
2 blancs d'œufs
300 g de sucre glace
1 cuil. à soupe de jus de citron
3 cl de kirsch.

DESSERTS DE SAISON

Pain d'épice

Tailler les écorces confites en petits cubes.

Faire fondre le miel à feu doux puis mélanger tous les ingrédients et laisser reposer la pâte pendant 12 heures.

L'étaler au rouleau sur une épaisseur de 7 mm et la cuire au four à 150 °C (th. 5) pendant 25 minutes.

Travailler longuement au fouet tous les ingrédients du glaçage et l'étaler rapidement sur la pâte à l'aide d'une spatule métallique. Détailler en losanges.

Lammala de Pâques

Fouetter le sucre et les œufs au bain-marie jusqu'à ce que le mélange blanchisse, s'allège et tiédisse.

Hors du bain-marie, continuer à battre une dizaine de minutes en diminuant progressivement la vitesse jusqu'à refroidissement.

Ajouter la farine et les zestes de citron et mélanger délicatement. Terminer par le beurre fondu encore tiède.

Beurrer grassement et fariner 3 moules à lammala, les remplir de pâte puis les mettre au four à 170 °C (th. 5-6), pendant 40 minutes.

Démouler sur une grille et laisser refroidir. Saupoudrer de sucre glace.

8 pers.
Préparation : 20 min
Cuisson : 40 min

250 g de sucre en poudre
8 œufs
250 g de farine
Le zeste râpé de 2 citrons
50 g de beurre clarifié
30 g de beurre
Sucre glace.

6 pers.
Préparation : 20 min
Macération : 12 h
Repos : 30 min + 12 h
Cuisson : 50 min

40 g d'abricots séchés
60 g de figues séchées
35 g de pruneaux séchés
75 g de poires séchées
50 g de raisins secs
30 g d'amandes mondées
20 g de noisettes
60 g de noix
30 g de fruits confits en cubes
5 cl d'alcool de poire
Épices en poudre : cannelle, muscade, anis étoilé, girofle
Le zeste râpé de 1 citron
100 g de pâte à pain.

Berawaecka

Faire tremper 30 minutes dans l'eau chaude abricots, figues, pruneaux, poires et raisins.

Hacher grossièrement les amandes, les noisettes et les noix (garder quelques cerneaux entiers pour la décoration).

Égoutter les fruits. Les tailler en lanières et faire réduire l'eau de trempage à 20 cl.

Réunir le tout avec les fruits confits dans un récipient. Faire macérer une nuit avec l'alcool. Égoutter à nouveau, ajouter les épices et les zestes de citron. Malaxer avec la pâte à pain et former un pain allongé. Décorer le dessus avec une rangée de cerneaux de noix. Laisser reposer 12 heures.

Mettre au four à 200 °C (th. 6-7) pendant 45 minutes et badigeonner plusieurs fois au pinceau avec le jus réservé pour donner de la brillance.

DESSERTS DE SAISON

Christstolla

Tailler les écorces confites en petits dés et les faire mariner avec le rhum.

Faire tremper les raisins secs dans l'eau chaude.

Mélanger la farine et la levure, ajouter le sucre, le sel, les épices et les aromates, puis les œufs un à un. Ajouter ensuite le beurre en pommade, le fromage blanc, les amandes, les fruits confits et les raisins secs égouttés et préalablement farinés. Étaler cette pâte en abaisse épaisse de forme allongée, la badigeonner d'eau froide au pinceau et la replier sur elle-même. Enfourner à 230 °C (th. 7-8) puis baisser à 160 °C (th. 5-6) et laisser cuire le christstolla pendant 1 heure.

Dès la sortie du four, badigeonner de beurre fondu et saupoudrer de sucre glace.

8 pers.
Préparation : 30 min
Cuisson : 1 h

40 g d'écorce d'orange confite
40 g d'écorce de citron confite
3 cl de rhum
50 g de raisins secs blonds
50 g de raisins de Corinthe
250 g de farine
1/2 paquet de levure chimique
100 g de sucre en poudre
5 g de sel
1 cuil. à café de cannelle
1 zeste de citron râpé
1 zeste d'orange râpé
1 jet de vanille liquide
1 cuil. à café d'eau de fleur d'oranger
2 œufs
90 g de beurre en pommade
100 g de fromage blanc en faisselle
80 g d'amandes hachées
25 g de beurre fondu
Sucre glace.

Pour 60 pièces environ
Préparation : 30 min
Repos : 12 h
Cuisson : 10 min

500 g de sucre en poudre
6 œufs
25 g de graines d'anis
600 g de farine
20 g de beurre.

Petits fours à l'anis

Travailler longuement au fouet le sucre et les œufs jusqu'à ce que le mélange fasse le ruban et blanchisse. Ajouter les graines d'anis et la farine en pluie en soulevant délicatement la masse à l'aide d'une cuillère en bois.

Dresser de petits tas, à l'aide d'une poche munie d'une douille lisse, sur une feuille de papier sulfurisé beurrée et farinée. Laisser sécher pendant 12 heures.

Cuire à 140 °C (th. 4-5) pendant environ 10 minutes. Les gâteaux à l'anis doivent souffler, mais ne pas colorer.

Pour 1 kg
Préparation : 20 min
Repos : 12 h
Cuisson : 12 min

300 g de beurre ramolli
250 g de sucre en poudre
2 œufs + 1 jaune
550 g de farine
7 g de levure chimique
1 jet de vanille liquide.

Petits sablés à la vanille

Mélanger tous les ingrédients en les travaillant à la spatule.

Abaisser la pâte. La découper à l'emporte-pièce et disposer les gâteaux obtenus sur une plaque à pâtisserie recouverte d'une feuille de papier sulfurisé.

Laisser sécher une nuit à température ambiante.

Cuire au four à 140 °C (th. 4-5) pendant 10 à 12 minutes.

Table des Matières

Depôt légal 2e trim. 2002 - n° 2668
Imprimé en U.E.